医療と健康のための心理学

――― 新版 ―――

青木 智子 編著

Psychology for
Medical Care and Health Care

北樹出版

は じ め に

心理学を学ぶ理由に、「メンタリストDaiGoのように人の心を知ったり、操れるようになりたいです」と答える学生が少なくない。読心術やカウンセリング、人の気持ちを操るなどは、多くの人にとって関心の高いものなのだろう。ところが、パブロフの犬や、アルバート坊やのウサギやネズミなどが説明されたテキストを見て、イメージする心理学とメンタリストの違いに驚くようだ。

心理学はそもそも哲学から派生した学問で文系と思われがちだが、実験、エビデンスの重視、統計学、さらには神経・脳科学などに隣接し理系的な要素が強い。さらに、近年では、国家資格としての「公認心理師（主に臨床心理学を専門とする）」という専門職が誕生し、「チーム医療」や「チーム学校」にもその名を連ねるようになった。

職場で突然倒れた50代Ａさん（男性）は、搬送先の病院で脳卒中と診断された。命に別状はなかったが、左半身麻痺と言葉が出ないという障害が残った。脳卒中の症状が改善すると、Ａさんは理学療法士とベッドから車椅子の移動に必要な動作をくり返し訓練することになった。あわせて、作業療法士は、Ａさんが得意とするパソコンで意思疎通を図りながら、衣服の着脱など日常生活に必要な動作をトレーニングしてくれる。リハビリテーション（以下、リハビリ）のスタートである。

病室には時々管理栄養士や薬剤師が現れ、美味しく食事ができているか、薬の効果の説明など声かけをしてくれる。また、Ａさんの家族は、今後の生活や不安な気持ちについて院内担当の心理士にカウンセリングを受けている。

車椅子で移動できるようになると、あらたに言語聴覚士による指導もくわわった。その間、各医療職によって書かれた治療経過などを示す電子カルテを参考に、医師と看護師で半身麻痺が残ることをＡさんにどう伝えるのの話し合いがなされた。その結果、リハビリへのモチベーション低下を懸念し、ある程度、落ち着いてからの告知が決められ、Ａさんに関わる医療職のあいだでシェアさ

iii

れた。

　これらの専門職にくわえ、臨床検査技師、保健婦、ソーシャルワーカー（社会福祉士）などが1人の患者に関わる方法はチーム医療、チームアプローチとよばれる。専門職がひとり一人の抱える問題を医学的措置、機能回復訓練、生活環境整備、社会的支援などの各領域から分析し、総合的解決を目指す。チームアプローチは昨今、病院や施設にとどまらず、発達障害の子どもなどを支える学校や地域との連携「チーム学校」にも見ることができる。

　幼稚園時にアスペルガー障害の診断を受けたCくんは陸上競技が得意な中学1年生だ。小学校の担任は中学の養護教諭、担任に学校生活でサポートが必要な点、得意・苦手なことなどについて情報提供を行った。この場には、特別支援コーディネーター、生活指導担当者、スクールカウンセラー、スクールソーシャルワーカーもくわわり、それぞれの立場から支援できることが話し合われた。無論、保護者やCくんとも密にやりとりを行う。さらに部活動を指導する先生や科目担当教員にも情報は伝えられ、Cくんの個性を把握し、彼の能力がより発揮できる方法が模索され続けている。

　チームアプローチにおいて、メンバーの専門職者はクライエントの行動、障害や病を各専門の立場からとらえている。病院・施設のみならず、学校や一般企業、社会においてもチームで仕事にとりくむ場面は多い。人の心の理解を研究対象とする心理学は、社会やチームについてどのように説明しているのだろうか。

　本書は心理学の一般的知識にくわえ、主に対人援助や対人関係に有益な理論やケースを数多く紹介している。心理学が人の心をどのようにとらえ、社会や日常生活にどうに活かせるのか考える機会になれば幸いである。

　最後に、本書の刊行にあたり北樹出版の福田千晶氏には大変お世話になった。執筆者を代表して心よりお礼を申し上げたい。

青木　智子

・・・・目　　　次・・・・

第1章　学習・行動 ……………………………………………………………… *2*

　第1節　さまざまな学習 …………………………………………………… *2*

　　　　1．古典的条件づけ (*2*)　2．感情・情動の条件づけ (*5*)　3．オペラン
　　　　ト条件づけ (*6*)

　第2節　学習性無気力 ……………………………………………………… *9*

　第3節　観 察 学 習 ……………………………………………………… *11*

　第4節　行動療法（Behavior Therapy）………………………………… *12*

　　　　1．系統的脱感作法 (*13*)　2．エクスポージャー法 (*13*)　3．トークン
　　　　エコノミー法 (*13*)　4．自律訓練法 (*14*)　5．バイオフィードバック法
　　　　(*14*)　6．生活技能訓練 (*14*)　7．応用行動分析 (*16*)

　Case 1：チームアプローチと健康管理：スポーツリハビリテーション (*21*)

第2章　動機・欲求 ……………………………………………………………… *22*

　第1節　動　　　機 ………………………………………………………… *22*

　　　　1．動機づけと欲求 (*22*)　2．内発的動機づけ・外発的動機づけ (*22*)
　　　　3．目標設定と動機づけ (*24*)

　第2節　マズローの欲求階層説 …………………………………………… *24*

　第3節　帰 属 理 論 ……………………………………………………… *25*

　第4節　フラストレーション ……………………………………………… *26*

　　　　1．フラストレーション (*26*)　2．コンフリクト (*27*)　3．バランス（均
　　　　衡）理論 (*27*)　4．認知的不協和理論 (*29*)

　第5節　情　　　動 ………………………………………………………… *30*

　　　　1．情動の生起 (*30*)　2．表情と情緒 (*32*)

　Case 2：プロサッカー選手のメンタルへの関わり方：理学療法士の立場から (*36*)

第3章　感覚・知覚・認知 ……………………………………………………… *37*

　第1節　外界情報を理解する ……………………………………………… *37*

　　　　1．認知心理学の登場 (*37*)　2．外界情報を処理するプロセス (*37*)
　　　　3．2つの情報処理 (*39*)

　第2節　感 覚 過 程 ……………………………………………………… *40*

　　　　1．感覚の種類と成立条件 (*40*)　2．矛盾感覚 (*42*)

v

第3節　知　覚　過　程 ……………………………………… *42*

　　1．知覚と錯覚（*42*）　2．形態知覚（*44*）　3．知覚の恒常性（*47*）

　　4．相貌失認（*48*）

第4節　感覚・知覚の加齢変化 ……………………………… *50*

　　1．乳幼児の感覚・知覚（*50*）　2．高齢者の感覚・知覚（*51*）

Case 3：親が障害受容するということはどういうことなのか（*53*）

第4章　記　　　憶 ……………………………………………………… *55*

第1節　記憶のしくみ ………………………………………… *55*

　　1．感覚記憶（*56*）　2．短期記憶（*56*）　3．長期記憶（*57*）　4．展望記

　　憶（*58*）　5．忘却（*58*）

第2節　日常のなかでの記憶 ………………………………… *61*

　　1．記憶の変容（*61*）　2．目撃証言（*62*）　3．偽りの記憶（*63*）

第3節　記憶の加齢変化 ……………………………………… *64*

　　1．自伝的記憶（*65*）　2．展望記憶（*65*）

Case 4：がんの治療を受ける人々のQOL維持向上のために：「Expressive Writing」
　　を用いた心理社会的介入とその効果（*68*）

第5章　社会心理学 ……………………………………………………… *70*

第1節　個人と集団 …………………………………………… *71*

　　1．集団規範（*71*）　2．集団凝集性（*71*）　3．役割分化（*72*）

第2節　集団における他者からの影響 ……………………… *72*

　　1．社会的促進・社会的抑圧（*72*）　2．社会的手抜き（*73*）　3．同調（*75*）

　　4．集団極性化（*76*）

第3節　リーダーシップ ……………………………………… *77*

　　1．特性論（*77*）　2．リーダーシップと機能（*78*）

第4節　他者理解と対人関係 ………………………………… *78*

　　1．パーソナリティの理解（*79*）　2．対人関係の発達段階（*79*）

第5節　説得的コミュニケーション ………………………… *82*

Case 5：「心に寄り添う」ためのコミュニケーション（*85*）

第6章　人格・性格・アセスメント ………………………………… *86*

第1節　性　格　理　論 ……………………………………… *86*

　　1．類型論・特性論・性格の5因子論（*86*）　2．フロイト（*87*）　3．ユ

　　ング（*88*）

第2節　環境か遺伝か ……………………………………………… *89*

パーソナリティ障害（*89*）

第3節　心　の　病 ………………………………………………… *92*

1．統合失調症（*92*）　2．双極性障害（*94*）

第4節　心理アセスメント（査定）………………………………… *95*

1．アセスメント（*97*）　2．投影法（*97*）　3．作業検査法（*101*）　4．知
能のアセスメント（*102*）　5．発達や他の能力を知るためのアセスメント
（*105*）　6．神経心理学的アセスメント（*107*）　7．アセスメントとテス
ト・バッテリー（*108*）

Case 6：教育機関における多職種連携のあり方について（*110*）

第7章　生涯発達心理学（1）：生まれてから児童期まで ……………………… *111*

第1節　発　達　と　は ……………………………………………… *111*

第2節　認知の発達 ………………………………………………… *115*

1．感覚運動期（*116*）　2．前操作期（*117*）　3．具体的操作期（*119*）
4．形式的操作期（*119*）

第3節　ことばの発達 ……………………………………………… *120*

第4節　自己と他者との関係の発達：愛着の形成と分離不安 ……………… *122*

1．愛着（*122*）　2．遊びと子ども（*124*）

第5節　児童期（6、7～11、12歳頃まで）………………………… *124*

1．自己と他者との関係の発達（*124*）　2．小1プロブレム・9歳の壁
（*125*）

Case 7：日本の作業療法の誕生から現在に至る変化（*128*）

Case 8：作業療法の面白さ（*130*）

第8章　生涯発達心理学（2）：青年期から老年期まで ……………………… *132*

第1節　青　年　期 ………………………………………………… *132*

アイデンティティの獲得（*132*）

第2節　成　人　期 ………………………………………………… *133*

1．働き方とキャリア（*133*）　2．バーンアウト・シンドローム（*135*）
3．中年期の危機（*137*）

第3節　老　年　期 ………………………………………………… *139*

1．喪失経験（*139*）　2．人生をふり返る（*141*）　3．認知症（*142*）

Case 9：がん終末期医療と連携とお金のはなし（*145*）

目　次　*vii*

第9章　さまざまな発達の形 ……………………………………………… 147

　第1節　知的障害（知的能力障害・精神遅滞）……………………… 147

　第2節　自閉スペクトラム症（ASD：Autism Spectrum Disorder）…149

　　　1．自閉スペクトラム症（150）　2．注意欠如・多動症（151）　3．限局性
　　　学習症（152）

　第3節　虐待とアタッチメント …………………………………………… 153

　第4節　コミュニケーション障害 ………………………………………… 157

　第5節　摂 食 障 害 ………………………………………………………… 158

　第6節　アルコール依存：薬物依存 ………………………………… 160

Case10：不登校対策としての心理と福祉（164）

第10章　心理療法の理論と実践 …………………………………………… 166

　第1節　精神分析（Psychoanalysis）………………………………… 166

　　　1．防衛機制（166）　2．転移・逆転移（168）　3．その後の精神分析
　　　（169）

　第2節　来談者中心療法 ………………………………………………… 170

　　　1．自己一致（170）　2．エンカウンター・グループ（171）

　第3節　認知療法（Cognitive Therapy）・認知行動療法 …………… 172

引用・参考文献 ……………………………………………………………… 177

索　　　引 …………………………………………………………………… 183

医療と健康のための心理学

―― 新版 ――

Chapter 1

学習・行動

　生まれたばかりの赤ちゃんは小さな口でお乳を吸う。吸啜反射とよばれるこの反応は、生まれつき備わる生得的反応である。一方で、私たちは空腹を感じると、料理をしたり、コンビニで食べ物を買ったり、レストランに行くなどの行動をする。これらの行動は過去の経験や環境から、どうすれば空腹を満たせるかを判断し、実行される**獲得（習得）的行動**である。
　心理学では、経験の結果として生じたその後の行動の変化を**学習**とよび、「同じことのくり返しや練習・訓練、すなわち、経験の結果生じる比較的永続的な行動の変化」と定義する。食事の時の箸の使い方、自転車に乗ること、挨拶をすることも広い意味では学習である。この章では、刺激—反応として行動を考える学習、すなわち経験を通して、私たちの行動に生じる変化について学ぶ。

第1節　さまざまな学習

1．古典的条件づけ

　口のなかに食べ物を含むと唾液が出るのは、生得的反応である。これは、食物が口のなかの感覚器官を刺激した結果、唾液反射が生じることで起こる。
　ところが、レモンなどを口にしなくても、レモンを想像しただけで口のなかで酸味が広がり、多くの唾液を感じることがある。それ以外にも、映画で危険な断崖の吊り橋を歩く場面を見るだけで、心臓がドキドキし、手に汗をかくことがある。これらは生得的反応と、まったく関係のない刺激とが入り組んで形成した反応である。レモンの酸味や高所で恐ろしい体験をしたことのない者に、これらの現象は生じない。

古典的条件づけ成立前
ベルの音：条件刺激→反応なし
餌：無条件刺激　　→唾液分泌（無条件反応）
古典的条件づけ中
ベルの音：条件刺激→唾液分泌（無条件反応）
餌：無条件刺激　　↗
古典的条件づけ
ベルの音：条件刺激→唾液分泌（条件反応）

図1-1　古典的条件づけの過程

ロシアの生理学者**パブロフ**（Pavlov 1897）は、実験用の犬がエサを見ただけで唾液を出すことに注目した。この現象をもとに、観察・実験をくり返し、エサを口にした時の唾液分泌を**無条件刺激**、この反射を**無条件反射**とよんだ。これらは生得的なもので学習・習得は不要である。たとえば、光を消すと瞳孔が開く現象なども同じである。

食べ物を口にしなくともエサを見ただけで生じる唾液分泌は、学習の成果であり、犬がエサを見た（知覚する）という一定の条件と結びつけて獲得した経験（**条件反射**）ということができる。

人がレモンを口にし（無条件刺激）、酸味による唾液分泌（無条件反応）をくり返し経験すると、レモンの形を想像し、その言葉を聞くだけで唾液が生じるようになる（条件刺激）。歯科医の治療を受けていないのに、歯を削る金属音を聞くだけで歯が痛く

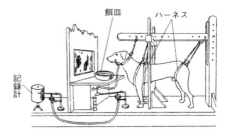

図1-2　パブロフの犬の実験

第1節　さまざまな学習

図1-3　アルバート坊や（Watson & Rayner 1920：村田孝次 1987）

なる、怖く感じるなども、その例であり、学習による新しい行動パターンの獲得を示している。

　パブロフはベルの音などのさまざまな刺激が、唾液分泌を促す**条件刺激**になりえることを見出した。このように無条件反射（唾液分泌）と無関係なベルの音などの刺激が、無条件刺激と結びつき、無条件反射と同じ反応（条件反射）を引き起こすことを**古典的条件づけ**と呼ぶ。

（1）強化と消去

　犬にエサを与えないまま、ベルの音だけを聞かせていると犬はしだいに唾液を生じなくなる（**消去**）。条件づけ成立には、エサ（無条件刺激）やベル（条件刺激）をくり返し提示しなければならない（**強化**）。エサなしでベルだけをくり返していると、条件反応は起こらなくなる。しかし、この消去された条件反応は、しばらく時間をおいて条件刺激を提示すると再び現れることもある。

（2）般化と弁別

　では、犬にベルによく似た音楽（条件刺激）を聞かせた場合には、どのようなことが起きるだろ

うか。一度、条件づけが成立すると、もとの条件刺激に似た刺激にまで反応が広がり（**般化**）、犬は唾液を分泌するようになる。しかし、般化が成立した後に最初に条件づけられたベルの音の時だけエサを与え続けると、音楽には反応を示さない**弁別**という現象が生じる。

（3）二次条件づけ

　獲得された条件反射を利用して、あらたな条件づけを行うことも可能である。最初にベルの音とエサを示して（＝対提示）条件づけを行い、ベルの音で唾液が生じるようにする。続けて、犬に新しい刺激（例として丸の描かれた図形を見せた）を提示した後、ベルの音を聞かせる。この一連の動作をくり返すと、丸という図形が唾液分泌のあらたな条件刺激となる。これを**二次条件づけ**という。

　私たちは、生活のなかで出会うさまざまな刺激を古典的条件づけによって自分の条件反応として獲得し、般化させている。さらに、この理論は不適応行動や問題行動の変容、恐怖症を克服する心理療法・行動療法（→第4節）として活用・導入されている。

2．感情・情動の条件づけ

　行動主義心理学の創始者**ワトソン**（Watson 1920）は、白ネズミをペットとし、ウサギや犬も好む1歳に満たないアルバート坊やに「情動」実験を行っている。

　ワトソンは、白ネズミ（条件刺激）を取り出し、アルバートが手を伸ばしてネズミにふれた時に、背後で恐怖を引き起こすように金棒を金槌で打ち鳴らした（無条件刺激）。結果、アルバートは白ネズミを怖がり、ネズミを見ただけで泣き、逃げ出すようになった。後に、彼はウサギや犬、白いサンタクロースの髭のついたお面にさえも恐怖を示した（般化）。ワトソンはこの実験から、恐怖心などの**情動**の発達に古典的条件づけが関係すると考えた。

　日常生活でも、白衣を身に着けた医師を見るだけで泣き出す子ども（病院で白衣の医師に注射を打たれるなど怖い経験をしたことがあるのだろう）、犬に噛まれた体験が他の動物にまでも恐怖感を抱かせる、パートナーと離別した時に流れていた曲を聞くと悲しくなる、なども般化によるものと考えられる。

【トピックス：パブロフの犬の実験】1849年、ロシア生まれのパブロフは、ダーウィンの研究に感銘し神学校を中退すると、大学で生物学を学び、1904年には消化腺の研究でノーベル生理学・医学賞を受賞した。

パブロフは、犬の頬に穴をあけて管を通し、唾液が口の外に出るよう手術をほどこした犬で唾液腺研究を行っていた。この実験中、飼育員の足音を聞くだけで、犬が唾液を分泌していることに気づき、足音がエサを連想させているのではないかと考えた。これが、条件反射や条件づけという学習心理学の基礎となった。

パブロフは、この実験を防音材を用いた特別な研究室で約100匹の雑種犬を対象として行っていたが、ある時、大洪水で実験室のある建物が被害を受けた。犬の命に問題はなかったが、それまで条件づけで獲得されていた行動（反応）は消滅してしまった。この体験から消去、自発的回復などの概念を見出している。

これにくわえ、洪水という極度の刺激を経験したことで、興奮したり、おびえたり、引きこもる犬が続出した。また、人間と同じように、犬たちにはささいな刺激に対してもこれまで見られなかったような疲労や引きこもり、運動不能などの神経衰弱と神経的興奮状態が観察されたのである。パブロフの犬の実験は、人間も犬も極度の刺激をそれまでの思考や反応パターンでうまく処理できない場合、精神に大きなダメージをもたらすことを示した。

パブロフは刺激に対して、予想可能な反応を示し、特定の行動をとるように条件づけられる点で、人間は犬と大差ないとする立場である。しかし、実験において、犬の反応にはそれぞれの犬の個性がみられるなど、行動主義心理学の考え方とは矛盾する結果も含まれていた。「予測できない犬の反応」すなわち「主体である犬」が環境をどう受け止めるかは、のちの認知心理学の研究対象とされた。

3. オペラント条件づけ

アメリカの心理学者**スキナー**（Skinner 1938）は、動物が**自発的**に環境に働きかけた結果、行動が変化する罰や報酬による学習の強化を**オペラント条件づけ**として説明した。

スキナーボックスといわれる箱に空腹のネズミを入れる。ネズミが箱のなかで探索を始め、偶然にレバー（弁別刺激）を押すと、エサ（強化子）が出てくるという体験をする。これを何度か経験すると、ネズミはレバーを押してエサを食べることを学習する（**強化**）。しかし、条件づけられた**オペラント行動**も、強

6　　第1章　学習・行動

化を止めるとしだいに反応の頻度が低下してくる（**消去**）。

　たとえば、イルカの芸やサルの曲芸などで、期待される芸ができるとエサを与えるのを見た経験もあるだろう。同様に子どものしつけで良いことをしたら褒める、成績が上がったら、ご褒美におもちゃをあげるなど**強化子**（＝オペラント行動の出現頻度を変化させる刺激）を与えることで望ましい行動を身につけることができる。

　オペラント行動に対して正の強化刺激を出現させることで、発生頻度を増や

【トピックス：その後のアルバート坊や】 孤児として病院で育ったアルバートは31日目にワトソンによる実験終了後、すぐに病院を離れた。このため、ワトソンが当初計画していた再条件づけと恐怖反応の消去ができなかった。これについて、ワトソンは論文で恐怖の条件づけは一生続くこともありうると述べている。

　ところが「アルバートはワトソンがいうほど完全に条件づけされていない（Samelson 1980）」とする研究者もおり、条件づけで学習された行動が、別の経験や時間の経過などの単純な理由で消えることも実証されている。たとえば、アルバートが5歳の誕生日に里親からウサギをプレゼントされたとする。最初は怖がるかもしれないが、ウサギといても大きな音や恐怖喚起されるような出来事が起こらなければ、徐々に怖がらなくなる可能性は高くなる（消去）。では、実際のアルバート坊やはどうだったのか。

　近年、アルバート坊やとは誰か、さらに実験後アルバート坊やはどうなったのかについて、2つの研究が発表された。1つ目は、アルバートは、小児病院で働く女性が1919年3月9日に出産したダグラスであり、ワトソンが自分の名前に関係する偽名を実験で用いたとするものである。実験の記録画像とダグラスの子ども時代の写真は米国陸軍病理研究所で鑑定され、同一人物である可能性が高いとの回答を得ている。しかし、ダグラスは6歳で病死しており、恐怖の条件づけの結果は不明なままとされる（Beck, Levinson, & Irons 2009）。

　2つ目の説は、ダグラスより1日遅く生まれた、その名もアルバートである。調査の結果、彼は2007年に88歳で死亡してた。パウエルらはアルバートの姪に会い、彼が動物嫌いで、とくに犬を嫌ったという証言を得て、恐怖の条件づけは継続していたと結論づけている（Powell at el. 2014）。

　近年YouTubeでもアルバート坊やの実験を見ることができる。これは計画的に心理学の実験を撮影した最初の貴重な記録画像でもある。その後、スキャンダルで大学を追われ、広告業界に転身したワトソンにとっては、大学における最後の実験でもあった。

第1節　さまざまな学習　　7

す操作・過程を**正の強化**とよび、負の強化刺激をあわせて消失させることで、生じる頻度を増やす操作および過程のことを**負の強化**とよぶ。

オペラント条件づけでは、さまざまな行動を条件づけられるが、自発的に現れる行動に強化子を与えなければコントロールできないため、なかなか出現しない複雑な行動を引き出すことは難しい。そこで用いら

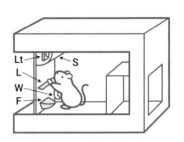

図1-4　スキナーボックス
（ネズミがL（レバー）を押すとF（エサ皿）にエサが出てくる）

れるのが段階的な強化、すなわち**シェイピング**である。スキナーボックスで、レバーを押すというネズミの行動を強化する時に、まず、レバーの方に体を向ける行動から強化し、次にレバーにふれさせ、最後にレバーを押させる。**スモールステップ**と呼ばれるこの方法では、いくつかの単純な行動を学習させた後に、複雑な行動へと導いていく。

（1）試行錯誤学習

ソーンダイク（Thorndike 1898）は、動物は人間のように仲間を模倣することなく、偶然の成功を伴う試行錯誤が学習の基本的な型であると考えた。まず空腹のネコをひもにふれると扉が開く箱のなかに入れる。箱の外にはエサを置き、ネコが箱から出てエサを食べるプロセスを観察する。ネコは箱のなかを探索するうちに偶然ひもにふれ、箱から脱出し、エサを得ることに成功する。これをくり返すうちに、ネコは箱に入れられるとすぐにひもにふれて外に出るようになる。ネコは試行錯誤をくり返し、無駄な反応をしなくなり、短時間で箱から脱出する反応のみを示すようになる。

たとえば、新しいスマートフォンを購入し、写真を撮影しようとする時、そのさまざまな機能をあれこれ試すことだろう。その結果、うまくいった方法で操作を続けるのもまた試行錯誤学習といえる。

（2）洞察学習

ケーラー（Kohler 1921）は、床に数個の箱が散らばる檻に入れられたチンパンジーが、高い所にあるバナナを取るために箱を積み重ねて踏み台にする様子

を実験から確認した。これは、**洞察学習**と呼ばれ、無
駄な行動をあれこれくり返すことなく、情報を分析し
て、確実に目標達成の見込みのある方法を選択する問
題解決法である。洞察学習は、ソーンダイクの試行錯
誤学習とは異なり「解決行動が突然現れる」という特
徴がある。また、同じ状況に立った時にも解決策はく
り返され、消えにくい傾向がある。

図1-5　ケーラーの
チンパンジーの実験

■ 第2節 学習性無気力

　勉強して成績が上がるとさらに努力する学生や、リ
ハビリテーションへの積極的な取り組みが身体機能の
回復につながると考えるクライエントのように、私たちは常に自分の行動がな
んらかの結果をもたらすことを期待している。しかし、ある状況下で不快な体
験をし、何をしてもその状況を変えられない状況が継続すると、あきらめのよ
うな感覚が生じ、自発的行動すら起こせなくなることがある。これは、**学習性
無気力**といわれる。

　セリグマン（Seligman 1967）は、自分の意思でコントロールできる力をもっ
ているという感覚は経験から学習されると考え、これを証明する実験を行った。

　まず、犬をA・Bグループに分け、双方に電気ショックを与える。Aグルー
プの犬には電気ショックをOFFにできるスイッチを置き、犬はみずから学習
しスイッチをOFFできるようになった。Bグループの犬はスイッチが無く、
電気ショックから逃れられない環境に置かれた。

　のちに、両グループの犬を跳び越えられるほど低い柵のなかに移動させ、柵
内にだけ電気ショックが流れるようにしたところ、Aグループの犬は、電気が
流れると柵を跳び越え、電気ショックを回避したが、Bグループの犬の多くは、
柵から出ることなく電気ショックを耐え続けた。

　これは犬が最初に拘束された状態で電気ショックを受け、さまざまな方法や
行動を試みてもショックから逃避できなかった経験により、自分の行動が環境

第2節　学習性無気力　　9

【トピックス：オペラント技法の応用】学習理論の臨床場面への応用は「行動療法」として知られるが、なかでもオペラント条件づけの手法を用いたものは応用行動分析、行動修正法とよばれる。これらは教育、スポーツ、企業コンサルティング、リハビリテーション、老年学などに幅広く活用され、自閉症スペクトラムなどの問題行動改善に導入されている。

　古い研究報告に54歳の統合失調症の入院患者アンナの事例がある。16年間、看護師がアンナを食堂に誘導し、食事を与えないかぎり、彼女は自発的に食事をしなかった。エイロンらは、看護師のこの行動がアンナの食事拒否行動を強化していると考え、援助することなく、アンナに適切な行動が生じた時に飴を与えて強化した。その結果、数週間で彼女は自発的に食事をするようになり、統合失調症の症状と考えられていた行動も学習されたものであることがわかった（Ayllon & Haughton 1962）。

　また、42年間施設で生活している46歳の男性ハルは重度の精神遅滞者で１日平均６回の失禁をしていた。この失禁は職員が近くにいる時のみ生じていたため、職員の注目が正の強化子と推測された。そこで、職員は援助行動をやめ、失禁した場合、ハル自身がその始末をし、トイレに行く練習を何度もくり返した。また、濡れるとベルがなるアラームパンツをはかせ、職員は５分ごとにハルのパンツが乾いているか否かを確認し、30分ごとに彼を便器に座らせた。パンツを濡らさずに、便器で排泄できた時には菓子が与えられ、ハルは賞賛された。パンツの確認は時間間隔がしだいに長くされ、訓練開始８日目には、失禁は０回となった（Fox 1973）。

　このような訓練を、人権無視、非人道的とする考えもあるだろう。しかし、障害や疾患をもつ人に対する療育やケアが、気配りや愛情だけでなく、心理学的理論の援用で可能であること、それらの理論の実践が有用であることがわかる。

に対して無力だという一種のあきらめを学習し、その認知が後続の課題に転移した（**学習性無気力**）ことを示している。つまり、人間が抑うつや無力感・無気力状態に陥る原因の１つに、好ましくない体験・出来事・状況に置かれた先行経験があると推測できる。

　学習障害のある小学３年生とない３年生に意図的に彼らの読解レベル以上の読み物を与えた結果、両グループとも解読できなかった。しかし、学習障害のある者はそうでない子どもに比べて、解読失敗のストレスから立ち直るのに多くの努力を要した。これは失敗で経験したストレスが、さらなる失敗、つまり、

すぐあきらめてしまい2度と試みなくなる無力感を学習した可能性を示している（Hers, Stone, & Ford 1996）。

　また、戦争やテロ攻撃に直面した人々が感じる絶対的無力感が、否定・何もしないなどの過少反応や、盲目的なパニックなどの過剰反応を引き起こすこと（Stokes & Banderet 1997）、幼い頃に経験した無力感が、成人してからの不安障害に関係するメカニズム（Chorpita & Barlow 1998）も学習性無気力で説明できる。ただし、セリグマンはその後の研究から、学習性無気力に「コントロール不可能の認知」と「原因帰属（→第2章）」を加え、改訂学習性無気力感理論を提唱した。

■ 第3節 観察学習

　古典的条件づけやオペラント条件づけは、学習者が自分で行動し試行錯誤を重ねた結果、学習する直接経験である。一方、自分では行動せずに他者の体験を見聞きすることを代理経験といい、それによって生じる学習を観察学習（社会的学習）という。バンデューラ（Bandura 1969）は、人間の学習には古典的・オペラント条件づけの伝統的学習理論の直接学習と観察学習による間接学習の2つがあるとしている。

　私たちは、人の行動を見聞きし、新しい行動を学ぶことも多い。**バンデューラ**（Bandura 1965）は、モデルと同一の行動をしなくとも、直接強化を受けずとも、学習者がモデルの行動を観察するだけで学習が成立すると考えた。このように他者の行動の観察を通して新しい行動を獲得することを**観察学習**（**社会的学習**）という。また、模倣や同一視などの似た概念を包括するものとして、**モデリング**という用語が使われる。

　バンデューラは、3グループの子どもたちにモデルの大人がボボドール（ビニール人形）に乱暴する映像を見せる実験を行った。各グループにボボドールに乱暴したモデルが①褒められる、②叱られる、③賞罰なしの異なる映像を見せて、

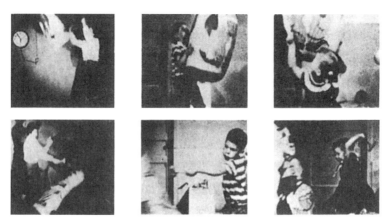

図 1-6　バンデューラ実験の写真（Bandura et al. 1963）

同じような行動が起こるかどうかを観察した。その結果、モデルが叱られるのを見たグループでは乱暴行動が減少していた。この学習は条件づけと異なり、他者・モデルが賞罰の強化を受けるのを見聞きするだけで学習が成立する（**代理強化**）ことを示している。

　人の多くの行動は学習の成果であり、学習の理論は行動変容を目指す心理療法にも導入されている（→第10章）。あわせて、バンデューラらは、1960年以降のテレビ・画像文化に関係する実験として、目の前にいない実在の人物から新しい行動を学ぶ攻撃行動などの研究を進めた。これらは映画R指定など「見せるべきでない映像」ルールの基礎ともされている。

第4節　行動療法（Behavior Therapy）

　行動療法とは、心理療法（→第10章）の1つで、実験で明らかにされた心理学の原理や手続きに基づいた一連の心理技法とその研究方法の総称である。客観性を重視し、観察可能な行動を介入対象とする。

　行動療法は、本章で学んだ学習理論に基づく、刺激—反応の図式から説明される。不安障害やおねしょ、くせなどに代表される不適応行動や問題行動は、

誤った学習または未学習の結果によるものとみなし、あらたな行動を再学習することで、問題行動の除去あるいは修正を目指す。この考え方は、後に認知行動療法の開発に受け継がれた。

1．系統的脱感作法

たとえば、不安や緊張反応には、古典的条件づけに基づき、ウォルピ（Wolpe）が考案した**系統的脱感作法**を用いる。系統的脱感作法では、目標行動に到達するまでに具体的にどのような行動が不安を生じさせるのかを点数化した**不安階層表**を作成する。最下層に位置する不安や緊張の程度の低いものからイメージし、徐々に不安や緊張反応を慣らす、つまり脱感作していく。

2．エクスポージャー法（曝露療法）

主に不安障害（強迫性障害）に用いられる。外出時にドアに鍵をかけたかが気になるクライエントが、何度も施錠を確認するために自宅に戻り、大学に遅刻しがちなケースを例に考えてみる。この場合、「鍵をかけたか」という強迫観念を減らすための強迫行為、すなわちくり返すドアの確認を禁止し、不安状態のまま一定期間さらしておく。

現実場面に直面する前にイメージ（強迫行為を行わなかった結果、予想される自分や他者の悲惨な結末を想像する）にさらすこと、曝露により効果的な介入を期待する。

似たものとして、不安や恐怖の対象に集中的に曝露する**フラッティング法**がある。耐えられるだけ長く恐怖刺激にさらされることで、最終的にはそれを感じない段階まで到達することをゴールとする。たとえば、高所恐怖のある者が、いきなり20階建てのビルの屋上まで上がり、そこに可能なかぎりとどまるなどである。

3．トークンエコノミー法

約束に従って「トークン（ポイントやシールなど）」を報酬として与え、その行動に正の強化を与える方法である。トークンを使って強化したい目的行動、す

なわち報酬を増やす。トークンが一定数たまったら、より具体的な報酬を与える。複雑な言葉のやりとりが不要で実施できるため幼児や障害者を対象に用いられることが多い。

　この方法は普段の生活で目にするポイントカードなどにも活用されている。商品購入時や、来店した際にスタンプなどを押してもらい、それがたまると金券のように使えたり、品物がもらえたりする。これは、売り手が期待する客の「商品の購入」や「来店」という行動を、スタンプというトークンや具体的な報酬によって強化する試みでもある。

４．自律訓練法
　人は練習によって自分自身で心身の弛緩を体系的に進めると、催眠と似た状態が自然発生的に作り出せると考え、自身に自己催眠をかけて心身をリラックスした状態へとコントロールする技法である（シュルツSchultz, 1932）。
　「手足が重い」「手足が暖かい」など決められたフレーズを心のなかでくり返し唱え、自分を催眠状態へと誘導してリラックスできるようにする。

５．バイオフィードバック法
　脈拍や血圧、脳波などの生理現象を音などに変換して、フィードバックすることで望ましい反応を持続させる。

６．生活技能訓練 (SST：Social Skills Training)
　モデリング（観察学習）とロールプレイ（役割演技）を通して、日常・社会生活で適切な行動がとれるよう具体的な場面を設定し、さまざまな技能を高めるために、集団のなかで練習を行う。
　主に、①対人関係を中心とする社会生活技能、②服薬・症状・疾病の自己管理、③コミュニケーション技能を高めることを目的とし、ロールプレイ、治療者が手本となり患者に示すモデリング、行動をふり返り相手を褒めたりするポジティブフィードバックからなる。
　SSTは対人関係を自己洞察するのでなく、あくまでも対人関係技能の向上を

第1章　学習・行動

【トピックス：事例1　不安階層表を用いた治療】大学1年のケンは自宅の玄関で、弟の靴底に犬の糞を見つけたのをきっかけに、日に平均30回以上、1回につき長い時で10分以上も手洗いをするようになった。糞をティッシュで拭き取ったあとに手洗いしても、糞に触れたかもしれない、ばい菌に感染したかもしれないという考えに取りつかれ、手洗いをくり返した。

　数日間はそのことを忘れていても、大学の講義中にふと自分の靴の底面が気になり、靴の脇に置いた自分のカバンが汚れているのではと感じた。帰宅後、カバンの底面を入念に拭き取ったが、このとき糞の件を思い出し、自分の指が完全にきれいになっていないかもしれないという考えにとらわれていった。

　その後、商店や大学の床などあらゆる場面で、糞が落ちていたらどうしよう、糞を踏んだ人がその靴で歩いて、床が汚染されているかもしれないと、地面に触れることを避けるようになった。大学では、教室の床に置いたカバンを机や椅子の上に置いている人もいるため、教室の椅子や机へ触れることも恐ろしく、講義に出られなくなった。常に念入りな手洗いと、カバンや持ち物の拭き取りを欠かさず、ばい菌を避け、帰宅後すぐ着替えまでするようにもなった。

　翌年、家族の説得で精神科を受診したケンは、強迫性障害の診断を受けた。半年の薬物療法でも症状は改善せず、医師の勧めで心理療法が始められた。ケンはカウンセラーとの初回面談で悩みについて話し合いを進め、不安階層表を用いた取り組みを行うことになった（表1-1）。

　各項目について、汚染されていると思うものを手でふれて、洗ったり拭いたりしない（強迫行為を行わない）場面をイメージしようとすると、ケンは「身体全体が汚染されて気が狂いそうになる」と苦痛を訴えた。それでも、2回目には、やや落ち着いてイメージできるようになった。

　3回目以降は、現実に通学カバンや筆記用具に触れる試みがなされ、ケンは「自分から汚れに触れるなんて間違っている」、「汚れに触れても安全だという保証が欲しい」と話した。そのたびに、心理士は「強制的に汚れているものを触らせているのでなく、この取り組みが症状を乗り越えていくひとつの機会になる」「どんな状況でも絶対に安全だという保証はない。自分の感覚として大丈夫かもしれないという気持ちを広げていこう」

表1-1　不安階層表

項　目	SUD
地面に落ちた物にふれる	100
地面に落ちた物を置いた場所（テーブルの上など）にふれる	95
すでに拭いてあるカバンの底面にふれる	65
大学に持っていったカバンや教科書、筆記用具にふれる	50
手洗いしてしばらく経ってからの自分の手指	40

第4節　行動療法（Behavior Therapy）

と伝え、取り組みを支援した。

　抵抗していたケンも、カバンや教科書などを手に「汚いものに触れてしまった」と言いながら、30分経過後には、「今はそれほど汚いと感じない」と語った。以降の面接では、不安階層表にある項目を実際に試し、後に洗ったり拭いたりすること（強迫行為）を禁止した。

　9回目には、カウンセラーが床に落としたペンを拾ってテーブルの上に置き、そのペンを取り除いた後で、テーブルの上を指で触る試みがされた。ケンは「ここに触れて、ばい菌に感染したらどうするんですか」、「人を侮辱している」と興奮しながら抗議した。それでも面接終了間際には、一瞬だけテーブルに触れることができた。

　16回目以降、ケンは「強迫行為は面倒くさい。でもやらないと怖いからやっている」「前は汚れとか気にしたことはなかった」と、これまでの自分を回想できるようになった。最終段階に入り、いよいよケンは持参したペンを面接室の床にみずから落とし、拾い上げてそのまま50分の面接時間を過ごした。彼は「今、手を洗ってペンを拭けばすっきりするだろう。でも、また気になって洗ったり拭いたりしたくなるのはもう嫌だ」と、強迫行為をしないことを宣言できた。

　19回目の面接では、落としたものを拾って拭かない・手を洗わない、が面接室内で問題なくできるようになり、大学でも教室にいる恐怖感が弱まったと語った。それでも時折、「今、汚れに触れたかも？」と考えて、強迫行為をしそうになってしまう。だが、明らかに汚れている場合以外は、そのままにしてやり過ごすことができている。その後のフォローアップでも講義に出席できていると報告があり、面接は終結した。

目的とするもので、精神科デイケアのプログラムや教育現場などで利用されている。

7．応用行動分析（ABA：Applied Behavior Analysis）

　応用行動分析は、行動の前後を操作することで、行動を増やしたり減らしたりできる原理を利用し、リハビリテーション場面や特別支援教育などで効果をあげている行動療法の一技法である。

　応用行動分析では、最初にクライエントは「なぜそのような行動をするのか」を明らかにし、行動前の出来事（**先行事象**）、いわゆる問題行動（**行動**）、行

動後の結果（**結果事象**）に注目する。続いて、「解決・改善したい問題行動は、なぜくり返されるのか」を**行動の3つの原理**すなわち、**強化の原理、消去の原理、罰の原理**について分析する。

図1-7　応用行動分析のしくみ

行動の後に良いことが起こればその行動は強化され（**正の強化**）、行動の後に良いことが起こらなければ、その行動は減少する（**消去**）であろう。また、その行動が悪い結果をもたらす場合、しばらくその行動をしなくなる（**罰**）。しかし、罰による行動消去は一時的な問題行動にすぎず、怒りや恨み、罰せられた不満を無関係の他者や物にぶつけるなどの問題が生じることがある。

これらをふまえて、さらに、**問題行動**が起こった後と問題行動を予防する対処として、問題行動直後の行動を変えることで行動変容を目指す。そのためには問題行動が生じている意味（意味づけ）を検討しなければならない。

① 要求：例）スーパーのお菓子売り場の前で泣いて動かない子ども→お菓子を買って欲しい
② 逃避：例）水泳の授業のたびに腹痛を訴える子ども→腹痛を理由に苦手な水泳から逃げてしまいたい
③ 注目：例）妹が生まれてから急に赤ちゃん返りをしている子ども→母親に注目してもらいたい
④ 感覚刺激：例）感覚過敏などの特性をもつ発達障害児などが、蛇口から流

例：お菓子が欲しくてお母さんを叩く

先行事象　　　　　　行動　　　　　　結果事象
スーパーでお菓子を見る　母を叩く　　　お菓子を買ってもらえる

第4節　行動療法（Behavior Therapy）

【トピックス：事例2　応用行動分析〜授業中に落ち着きがない太郎くんへの対応】小学1年生の太郎くんは、国語の授業中に立ち歩き、他の子に授業とは関係のないおしゃべりをしてしまうなど落ち着きがない。担任が「席に着きなさい」と指示しても、担任に向かってニヤッと笑みを浮かべ、教室内を逃げ回り、態度を改める気配はない。

この様子を応用行動分析から説明すると図1-8のようになる。

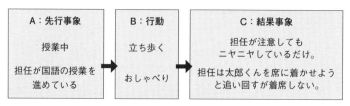

図1-8　事例3の分析結果

次に、太郎くんの行動がくり返されている要因を探るために、強化の原理：正の強化（図1-9）、負の強化（図1-10）から検討する。

正の強化では、太郎くんの立ち歩きやおしゃべりが担任から注目されることが、問題行動を起きやすくようである。また、負の強化では、立ち歩きやおしゃべりで授業が中断されるため、太郎くんが授業を受けたくないと考えているのなら、問題行動はくり返

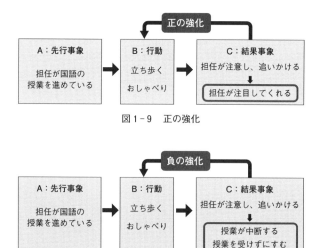

図1-9　正の強化

図1-10　負の強化

されると推測される。

担任が注意や、授業を中断するなどしない、つまり太郎くんの行動を無視すれば、消去の原理（図1-11）が想定されるが、行動の解決・改善には時間を要し、一時的に立ち歩きやおしゃべりなど問題行動の増加が懸念される。

図1-11　消去の原理

また、叱るなどの罰を与えた場合（罰の原理）、その場では担任に従ったとしても、怒りや恨み、他の児童への八つ当たり、物に当たるなどのあらたな問題行動が誘発される恐れがある（図5）。

太郎くんの例では、担任からの注目が問題行動を持続させていると考えられるため、担任が彼の問題行動を無視し、着席しているなどの良い行動に注目することが望ましい。

さらに、問題行動を予防するために、太郎くんの問題行動が起こる直前のきっかけを特定する。たとえば、国語の授業がわからない、授業内容をすべて理解しており退屈している、字を書くのが苦手、授業前の休み時間の興奮が収まらない、担任の注目が他の児童にいきがちである、などが推測できる。

図1-13には、以上の分析結果をふまえた当面の目標と、変えるべき問題行動直前直

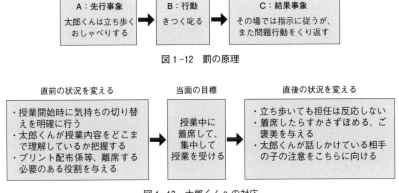

図1-12　罰の原理

図1-13　太郎くんへの対応

第4節　行動療法（Behavior Therapy）

後の状況についてまとめた。

「直前の状況を変える」では、国語の授業での太郎くんの理解力や学習意欲をアセスメントすること、多動傾向で落ち着かない場合は、あえてプリント配布係など授業中でも離席が許される役割を担わせることなどが想定される。

また、太郎くんの立ち歩きやおしゃべりなどの問題行動に注目せず、着席したらほめる、ご褒美を与える等の工夫が役立つと考えられる。

れる水をずっと自分の指先にあてている

（北川　公路・水國　照充・青木　智子）

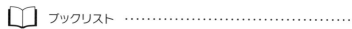ブックリスト

アダム・ハート＝デイヴィス　山崎正浩訳　2016　パブロフの犬――実験でたどる心理学の歴史　創元社

デボラブラム　藤澤隆史・藤澤玲子訳　2014　愛を科学で測った男――異端の心理学者ハリー・ハーロウとサル実験の真実　白揚社

河合伊六監修（編）辻下守弘・小林和彦　2006　リハビリテーションのための行動分析学入門　医歯薬出版

舞田竜宣・杉山尚子　2008　行動分析学マネジメント――人と組織を変える方法論　日本経済新聞社

奥田健次　2012　メリットの法則――行動分析学・実践編　集英社

大芦治　2013　無気力なのにはワケがある――心理学が導く克服のヒント　NHK出版

杉山尚子　2005　行動分析学入門――ヒトの行動の思いがけない理由　集英社

J. B. ワトソン　安田一郎訳　1980　行動主義の心理学　河出書房新書

CASE 1...

チームアプローチと健康管理：スポーツリハビリテーション

　大学入学時にスポーツ分野にかかわりをもちたいという理学療法学科入学生は、入学生全体の3分の2ともいわれている。このきっかけの多くは、みずからの高校時代の怪我である。担当してくれた理学療法士に憧れてスポーツ分野を希望する学生は今も多い。実際の業務内容には資格が関係するが、選手にしてみれば、自分のスポーツパフォーマンスを向上させてくれる人であれば、医師でも柔道整復師でも理学療法士でも良いのである。

　いずれにせよ、私たちは選手から「信頼され」なければならない。たとえば、プロ野球やJリーグチームに勤務する理学療法士は限られているが、彼らの多くも年間契約であり、選手とのコミュニケーションでは細かい気配りが重要になる。怪我があれば試合で使ってもらえないため、故障を隠す選手も当然いる。監督からはいつゲームで使えるのかという明確な期日を迫られる。これらのことをクリアするには、トータルな人間力が求められる。もちろん理学療法士としての技術の高さも要求されるが、とくに、高いメタ認知が求められるだろう。ここでいうメタ認知とは、選手や監督のニーズ、チームドクターとの連携、他チームのトレーナーからの情報などを的確にとらえ、鳥瞰的に判断する能力とその自分の判断を客観視する能力である。ある意味、医療職として対象とする患者以上に、チームで対象とするそれぞれの選手とは深い信頼関係が必要になる。

　また、一般的には、スポーツ選手が患者として医療機関を受診し、そこで理学療法士として関わる場面も多いだろう。肩を壊して戦列を離れた選手は心の痛手も大きく、治療だけでなく前に向く力をも与えなければならない。選手を知り、同時に自分を深く知ることがトータルな人間力の向上につながる。理学療法士としての治療・技術の追求ひとつとっても終わりというものはないが、それに加え、みずからの目標設定、時間管理、さらには治療家としての不完全な自分をも認め、選手の多様性を受け入れることが重要である。

　ただし、この面ではスポーツ選手とともに歩むことも可能かもしれない。選手の毎日の仕事はトレーニングである。それはどのスポーツ分野に携わる理学療法士にもほぼ同じことがいえる。トレーニングにおいては、自分の不完全さを認めながら明日に向かう力が大切になる。選手にとっての試合は、理学療法士にとっての選手の治療であるからでもある。

（福井　勉）

Chapter 2
動機・欲求

> 動機づけ（motivation）という言葉は、日常生活のさまざまな場面で、いろいろな意味で使われている。たとえば、入試や入社試験で志望動機を聞かれたり、試合や大会に挑むアスリートたちがよく口にする。この言葉は「やる気」「意欲」などポジティブな意味だけでなく、「犯行動機」などとしても使われる。また、動機と同じ意味の言葉として要求、欲求などの表現もある。

第1節 動　　機

1．動機づけと欲求

　空腹だから食べるのか、目の前にあるから食べるのかというように、「食べる」という行為にもさまざまな理由がある。動機づけとは、このような理由（原因）に基づいて行動が生じ、持続し続けるプロセスをいう。

　動機づけは、空腹だから食べるなど、人間の内部にあって行動が引き起こされる**動因**（または**欲求**）と、満腹でありながら食後にデザートが食べたくなるなど外部要因が行動を引き起こす**誘引**（または**目標**）から説明できる。

　また、動機は**生理的欲求**（一次的動機）と**社会的動機**（二次的動機）に区分され、前者には生きていくために必要な生得的な欲求に基づく、睡眠、排泄、飢餓などがあてはまる。後者は、生後の経験を通して獲得され、人間関係や社会活動を通して満たされる社会的欲求を指す。たとえば、達成動機や仲間と仲良くしたいという親和欲求などがあげられる。

2．内発的動機づけ・外発的動機づけ

　内発的動機づけは、好きだからみずからスポーツをする、楽しいから勉強をする、他者や社会のためにボランティアをするなどのように、自分で目標を設定し、達成するために行動を持続させるものである。報酬や賞賛などに関係なく、行動すること「そのもの」が欲求となる。

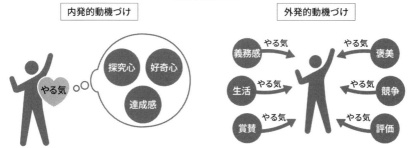

　内発的動機づけを構成する主な要素として、知らないことを知りたいという**好奇心**、自分の力を発揮して満足できる成果を得たいという**有能感**（コンピテンス）、自立的・自発的に行動している感覚、すなわち**自己決定感**がある。

　外発的動機づけは、親に叱られるから勉強する、ご褒美がもらえるからお手伝いをするなど他者からの働きかけに基づくものである。行動は最終的な目的でなく、それによって生じるメリット（報酬）とデメリット（罰）に基づく動機づけにすぎない。この賞罰を駆使することで、さまざまな行動をコントロールできる。

　デシ（Deci 1975）は、大学生をＡ、Ｂ２つのグループに分けて、全員に30分間流行のパズルを解かせた。その後、Ａグループには「パズルが解けたら１ドルの報酬をだします」、Ｂグループには「自由に過してください」とだけ言い残して、しばらく実験室を退室した。その間、学生らが「何をするのか」を観察するのが研究の目的である。部屋には雑誌などが置かれ、学生らは自由に過ごせたが、報酬なしのＡよりもＢグループの学生の方が自由時間にもパズルに積極的に取り組んでいたのである。両者の違いはどこにあるのだろうか。

　Ａグループの学生らは金銭的報酬のためにパズルをしていた。一方、Ｂグループの学生は、パズルを「楽しんで」いることが内発的動機づけとなっていたと考えることができる。このように**過剰正当化**（アンダーマイニング）**効果**は、報酬が逆に内発的動機づけを低めてしまう。つまり、給与や時給などの報酬が上がれば、動機づけが高まるとは一概に説明することはできない。

第１節　動　機　23

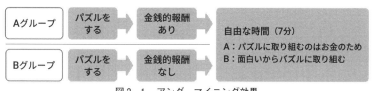

図2-1　アンダーマイニング効果

3．目標設定と動機づけ

　やる気を高めるためには、適切な目標設定も効果的である。達成動機は、高い目標を立てて、それを成し遂げようと試みるものである。たとえば、まったく泳げなかった人が水泳の練習をした結果、25m泳げるようになると、次は50mを目指して努力するだろう。これは「もっと長い距離を泳ぎたい」という達成動機によるものである。

　この達成動機に大きく影響を与えているのが**自己効力感**（Bandura 1977）である。目標設定しても、その目標に到達できなそうだと考えた場合、やる気は起こらない。「自分ならやればできそうだ」など行動の結果についての期待・予期できることこそが自己効力感である。

　達成目標と自己効力感の関連では、大きな目標よりも、身近で具体的な目標を立てる方が自己効力感は高まる（Bandura & Schunk 1981）。健康管理等の場面でも、より身近な目標から取り組むことでトレーニングやリハビリの継続が可能になると推測できる（→第1章：シェイピング、スモールステップ）。

第2節　マズローの欲求階層説

　人間は社会のなかで生きているため、そのなかで自分を認めてもらえるように、仕事や勉強、人のために働くことなどが動機づけられる。このような意味において動機づけには、基本的動機と社会的動機があるが、**マズロー**（Maslow

1962)は、人間の欲求を5段階のピラミッド型に整理・分類した。**欲求階層説**は、低階層の欲求が充足され、さらに高次元の欲求を満たそうとするものである。

「生理的欲求」は、生命の維持や種の保存（飢えや渇き、睡眠、排泄、性欲など）に関わるもので、ホメオスタシスの影響を直接受ける。「安全・安定の欲求」は、天災や戦争、病気や怪我を避けて、衣食住を安定的に保ちたいというものである。これらの基本的な欲求が満たされた後に、人に愛され、社会や集団で仲間を求める「愛情と所属の欲求」

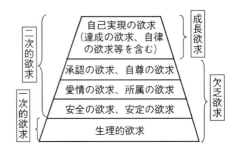

図2-2　マズローの欲求階層説（Maslow 1970より作成）

が、さらには、自分が周囲から価値のある存在だと認められ、尊敬されたいという「承認・自尊の欲求」段階に進む。最終的には、自分の能力や可能性を発揮し、自己の成長を図りたいとする「自己実現の欲求」段階に至る。

第3節　帰属理論

「なぜ成功・失敗したのか」という原因を考える**帰属理論**も動機づけに影響を及ぼす。**ワイナー**（Weiner 1972）は、原因帰属を表2-1のように4つのパターンで説明した。統制の位置は、原因が自分の内側にあるか、外側にあるかで、安定性は、原因が時間を超えて安定しているか否かで分類される。

たとえば、試合で負けた原因を能力という変化しにくい内的・安定的な原因に帰属した子どもは、今後も良い結果は期待できないと判断して、やる気を失

表2-1　原因帰属の4つのパターン（Weiner 1972より作成）

		安定性	
		安定的	不安定的（＝変動的）
統制の位置	内的	能力 （例：私にはスポーツの才能がない）	努力（例：練習を怠けた）
	外的	課題の困難度 （例：今回の試験は難しすぎた）	運（例：たまたま運が悪かった）

う可能性がある。一方、外的・不安定的に帰属した子どもは、今回は運が悪かっただけで、次回の試合結果が期待できると考えるため、試合で負けても動機づけは維持される可能性が高い。失敗の原因を努力に帰属

させた場合では、さらに努力で補おうと動機づけが高まるかもしれない。しかしながら、十分に努力したにもかかわらず失敗し、その原因を努力に帰属してしまうと、自尊心を傷つけたり、学習性無気力（→第1章）に陥る可能性がある。

第4節　フラストレーション

1．フラストレーション

　何かをしたい、何かを得たいと思った時、人は目的を達成するために行動を起こすが、必ずしもうまくいくとは限らない。なんらかの理由で目標到達ができず、欲求が満たされない状態を**フラストレーション（欲求不満）**という。

　フラストレーション状態に置かれた人間は、緊張を解消するためにさまざまな反応行動を起こす。代表的な反応として、①攻撃的反応：暴言を吐く、何かにあたり散らすだけでなく、自分自身を傷つけるなど、②退行的反応（→防衛機制）：弟や妹が生まれた子どもが指しゃぶりをするよう

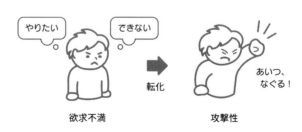

に、現在の発達段階よりも低い段階での反応をするようになる、③逃避：いやな人との面会を避けるなど、欲求不満を引き起こす妨害要因から逃げる、などがあげられる。

2．コンフリクト

2つ以上の動機が拮抗し、どの動機を選択したらいいのかわからなくなる状態を**コンフリクト**（葛藤）という。**レビィン**（Lewin 1935）は、この状態を3パターンから説明した。

①接近—接近型：欲求を満たす対象が複数かつ同程度のもので、いずれも魅力（正の誘引）を感じて迷う状態。例：遊びに行くなら海か、山か？
②回避—回避型：いずれも選択したくない負の誘引を感じている時に、選択に迷う状態。例：勉強はしたくないが、単位は落としたくない。
③接近—回避型：正の誘引と負の誘引を同時に抱く場合の葛藤。例：ジェットコースターに乗りたいが、スピードが怖い。

3．バランス（均衡）理論

ハイダー（Heider 1958）は、2人の対人関係のあり方を感情や心理的安定度などの**バランス理論**で説明した。心理的に安定している状態を均衡状態、不安定な状態を不均衡状態とし、人間は不均衡状態にある時、心理的に均衡状態に動機づけされると考える。

認知者である私（P）、他者（O）と事項（X）の3者の関係における感情（好意は＋、嫌悪は−）をかけあわせた結果、＋であれば均衡状態、−であれ

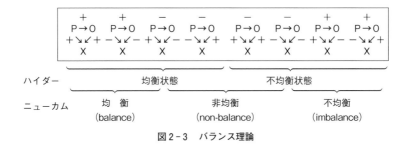

図2-3　バランス理論

【トピックス：能力か努力か？ 褒め方のポイント】ミューラー（1998）らは、10～12歳400人の子どもにテストを受けさせ、実際の点数は知らせず、全員に「80％以上の正解率だった」と伝えた。その上で、子どもたちを３つのグループに分け、

　　グループ①：「頭がいいのね！」「えらいね！」と能力・才能を褒める
　　グループ②：成績を伝えて何も褒めない
　　グループ③：「よく頑張ったね！」と努力したことを褒める。

とそれぞれに違う対応した。

　２回目のテストでは、子どもたちに１回目と同じ程度の簡単なテストか、１回目よりも難易度の高いテストのどちらかを選択し、受験するように伝えた。その時、「難しいから解けないかもしれないが、チャレンジすると学べることがある」という趣旨の説明を加えた。すると、グループ①35％、②45％、③90％が難易度の高いテストを選択した。

　３回目のテストでは、全員に難易度の高いテストをさせ、その点数をみんなの前で発表させた。その結果、グループ①の子どもの40％は実際よりも高い点数を述べ、嘘をついた。しかし、②で嘘をついた者はわずか10％だった。

　４回目に容易なテストをさせると、グループ①の子どもは平均20％も点数が下降し、③は平均30％も点数が上昇した。

　この実験は「能力を褒められるとやる気がなくなる」ことを裏づけている。才能・能力などを褒められると、能力が発揮された結果が重視されると信じ、能力で高い評価を得たいと思うようになる。そのため、新しいことや難題にはチャレンジせず、確実に成功できそうな慣れた課題だけに取り組み、失敗の可能性がある課題はやめるか、わざと失敗する。

　一方、「努力」を褒められた場合、やる気は高まる。練習やがんばりを褒められると、努力を積み重ねる過程が重視されると信じ、そのプロセスで高い評価を得たいと思うためである。確実に成功しそうな容易な課題は努力する意味がないと判断し、新しいことや難題に失敗を恐れず取り組もうとする。能力は、努力で克服できると考えるため、現在の優劣は気にしない。全力で取り組み失敗した場合すら、難しさを楽しいと感じ、再挑戦を試みる。このことからも、「努力を褒めること」が、子どもの指導やアドバイスに適していることがわかる。

ば不均衡状態とみなす。たとえば、ホラー映画好きな自分＋（P）の親友＋（O）がホラー映画を嫌い－（X）な場合、かけあわすと－不均衡状態となる。

　この場合、均衡状態にするには、親友のホラー映画への感情を＋に変えるか、

自分もホラー映画を嫌い－になるかでバランスをとらざるをえない。ただし、相手の気持ちを変えることは難しく、親密な関係を維持することを望むのであれば、自分がホラー映画への態度を変えること（もしくはこの均衡理論についてふれずに、他の部分で友人関係を保つ）がより良い選択となる。

4．認知的不協和理論

「タバコは肺がんの原因となる」と言われても、喫煙者にとってタバコをやめることは難しい。この場合、「喫煙しても長生きの人はいる」「喫煙よりも交通事故の方が死亡確率は高い」などと主張し、喫煙行動を正当化することがある。

自己や、自己をとりまく環境に関する意見・信念・行動などを認知と呼ぶが、認知的不協和理論（Festinger 1957）では、その認知要素間に矛盾がある場合を不協和状態という。不協和状態は人に不快な緊張状態を生起させるため、この状態を回避するために認知的要素の一方を変化させる。もしくは、あらたな要素を加えるなどして認知的不協和を低減しようとする。

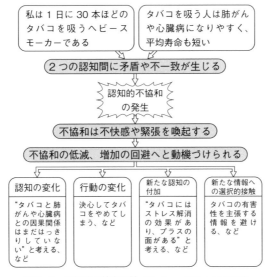

図2-4　認知的不協和理論（Festinger 1957；上野1994）

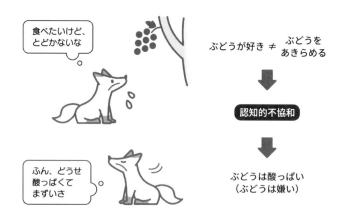

第5節　情　動

1．情動の生起

　喜怒哀楽というように、私たちは日常生活のなかでさまざまな感情を抱いている。また、人間だけでなく、動物からも喜びや怒り、悲しみの感情を読み取れることがある。心理学では、主観的な意識の体験で、他者には観測できない「感情」、生理的反応で他者が見ても判断できる「情動」、ある程度の長さをもった「気分」などの言葉が使われることが多い。

　たとえば、悲しい時には涙がこぼれたり、落ち込んだり、元気がなくなったりするように、感情はなんらかの身体的変化と関係している。**ジェームス**（James 1884）は、「泣くから悲しい」というように、環境に対する身体的・生理状態の認知が感情を生むと考えた。末梢神経系による身体的反応が早く生起することから、これを**末梢神経起源説**とよぶ。さらに、ランゲ（Lange 1885）も同様の見解を示したことから、これらをまとめて**ジェームス＝ランゲ説**という。

　一方で、キャノン（Cannon 1927）は、外部の刺激から脳の視床が活性化し、大脳が活性化することで情動体験が生じ、同時に視床下部が活性化することで身体反応が生じるとする**中枢起源説**を主張した。これが「悲しいから泣く」すなわち、情動の変化が身体反応を引き起こすとするキャノン・バード説である。

【トピックス：予言がはずれるとき──この世の破滅を予知した現代のある集団】 1950年代、アメリカのごく普通の主婦キーチ夫人は「空飛ぶ円盤」と交信できるとして宗教団体の教祖にまでのぼりつめた。教団は、「世界は大洪水で破滅するが、信者は円盤で救出される」と予言し、大洪水に関する信念を受け入れる準備のある者のみに入信を許した。入信者らは財産も仕事も勉学もすべてを放棄し、完全に現世との関係を断ち切った。また、みずからを「選ばれた者」とするエリート意識をもち、「信じる者」に限定した布教活動を行った。

　認知的不協和理論で知られるフェスティンガー（1956）は、このことを新聞記事で見つけ、数名の研究者とともに予言の日までの約3ヵ月間、教団に潜入し、観察しそれを書物にまとめた。

　予言の日が迫ると信者らは救助の準備を整え、可能な者は1ヵ所に集まり、みなで円盤からの指令を待った。緊張のなかで彼らは幾度も円盤が救助に現れるというメッセージを受け取るが、大洪水は起こらず、円盤の姿も確認できなかった。予言ははずれたのである。

　認知的不協和理論は自身の行動や信念における一貫性を問題にする。つまり、
認知要素Ａ：予言は成就するという信念
認知要素Ｂ：予言ははずれたという客観的な事実
が心理的に矛盾することで、認知要素Ａ・Ｂは不協和（不快な緊張状態）になった。しかし、この不快な状態に耐えられないため、より調和のとれた協和な状態に近づけようとする不協和低減への動機づけが行われた。結果、信者たちは、
①　キーチ夫人など中心的メンバーは信心が地球を破滅から救ったと考えた。
②　予言を強く信じ、財産を寄付し、学校や仕事、家族や友人をもすべて捨てて、教団内で過ごしてきた者たちは、「（予言を信じた）自分が間違っていた」と認めるより、「（霊的な存在によって）人々に試練が与えられた」、「われわれの祈りが届いたから、危険は回避された」などと解釈することで、不協和状態を解消しようとした。また、同じ信念をもつ者たちと過ごした人は信念を保持し続け、神に救われたという信念を広めるべくその後、より積極的に布教活動を行った。
③　家族の反対や家が遠いなどの理由から、運命の日に教団の集まりに居合わせなかった者たちは不協和を低減できずに混乱し、信念すなわち信仰を放棄した。

　つまり、それまでの生活を断ち切り、犠牲を払った信心の強い者はさらに信仰を深め、懐疑的な立場の信者は信仰を放棄したのである。フェスティンガーの半世紀前の研究は、今日の新興宗教やカルト信者の心理状態、その理解にも役立つものである。

2．表情と情緒

私たち人間の顔面には30種類以上の表情筋とよばれる筋肉があり、これらの複雑な運動が喜怒哀楽などのさまざまな「表情」を表出させる。エクマン（Ekman 1978）は文化的、民族的な条件にかかわらず、全人類に共通する表情として、喜び、驚き、悲しみ、おそれ、嫌悪、怒りの6種類があることを明らかにした。

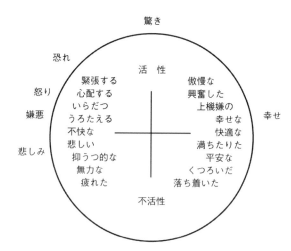

図2-5　情動の円環モデル（Russell & Barrett 1999より作成）

しかしながら、文化人類学者による調査（Birdwhistell 1970）から、失敗した時に笑ってごまかすなど、多くの文化で「不幸な時に笑う」ことが観察されている。このような文化による表情表出の相違についてエクマン（1978）は、神経一文化モデルを提唱した。情動の本性は生得的な基本情動だが、それがどのような状況で生じるか、その表情をどのように制御するかは、それぞれの文化固有の表情表出についてのルールの影響を受ける（**表示規制**）。たとえば、「男は泣いてはいけない」「女の子は愛想よく」などの表示規制のある文化では、悲しみや嫌悪の感情をストレートに表出することはなく、弱められたり、隠されたり、他の表情でカモフラージュされる。「不幸な時に笑う」もまた不快感を表出すべきでないという表示規制によるものと考えられる。このように、相手の状況の読み取りや、判断には、表情のみならず、前後の文脈や背景・文化などにも配慮する必要がある。これにくわえて、しぐさや他のノンバーバルな方法にも目を向けなければならない。

心理学において動機づけとは人間の行動を引き起こしたり、方向づけたりする機能を指すが、そのなかでも動機づけの研究では何が行動の原因になるのか

【トピックス：ダットンとアロン（Dutton & Aron 1974）の吊り橋実験と実験手法】揺れる吊り橋、あるいは安全な橋を渡ってきた男性（18〜35歳）で、「協力に承諾してくれた者に、想像的表現に対する風景の印象の効果を調べている」と言って、協力してくれた人にTAT図版（⇒第6章参照）を見せ、思い浮かんだことを物語にしてもらう。女性インタビュアーは終了時に、「実験説明を聞きたければ電話をください」と実験に協力してくれた男性に氏名と電話番号の入ったメモを渡す。最終的に吊り橋条件の18人中9人（50%）、安全な橋条件の16人中2人（13%）が、後日、電話をかけてきた。

この結果を、ダットンとアロンは吊り橋の途中で女性に遭遇した男性は、揺れる橋を渡ることで生じていた心拍数の増加を、その女性への恋心による胸の高鳴りだと解釈（誤って原因を帰属）したのだと説明した。つまり、恐ろしい吊り橋を渡る時に起きるドキドキなど生理的喚起の原因を「インタビュアーの女性」に求めると女性に対する好意感情が、「吊り橋（置かれている環境）」に求めると恐怖感情が生じることを生理的喚起―帰属―情動：情動の2要因理論の根拠として用いた。この実験の成果は、恋愛時に役立つものとして広く一般にも知られているようである。

ただし、実験の信憑性について疑問を抱かずにはいられない。実験対象者の総体を母集団というが、被験者が無作為に抽出されていれば母集団の一般化が統計的に保証される。ところが、この実験の母集団は特定年齢層の男性で、おそらくカナダ人かアメリカ人の吊り橋に来た観光客で協力依頼に応えた人だろうと推測される。このため、男性一般にはほど遠い偏りがあり、無作為抽出とはいえないことから一般化は難しい。また、電話をかけてきたのは吊り橋を渡った人の半数のみで、効果測定も吊り橋を安全な橋と比較したにすぎない。さらには、この実験の目的には「魅力的な女性が、強い恐怖を感じた男性にとって、より魅力的に映るかを確認する」とある。出会う女性は魅力的だという前提だが、そもそも魅力的な女性の定義もあいまいなままである。

NHK・Eテレの番組内における追実験では、その結果がインタビュアーが男性か女性か（実験対象者の性差）が結果に違いをもたらしてもおり、この実験は情動の説明のみならず、心理学における実験のあり方にも一石を投じることになった。

NHK「大心理学実験2」関連情報　日本社会学会広報委員会　（NHK Eテレ「大心理学実験2」によるダットンとアロンの実験追跡結果2015年4月30日）

を探ることを中心とする。たとえば、過度に接近（快をもたらす対象に近づくこと）した動機づけによって他の行動が制限されるなど、自分の意思をコントロールできない状態をアディクション（嗜癖）とよぶ。アルコールや薬物などが関係する場合は物質嗜癖、反対に、非常に強い回避（不快な対象を避けること）に

第5節　情　動　　33

表2-2　顔面感情についての情緒の判断 (Thayer & Shiff 1969)

表出された情緒	空白	統制	中性	幸福	悲しみ(1)	怒り(1)	残忍	怒り(2)	悲しみ(2)	幸福・はにかみ	悲しみ(3)
得意な				3			3			3	
幸せな		11	33	81						36	
中性的	89	38	39						6		
悲しい			8		42			3	50		61
怒った		22			13	58		53			
激怒した						17	3	33			
楽しい			3	8	3					19	
はにかんだ		6	3		3				3	25	
ふざけた		6				11	16			6	
残忍な				8		3	75	11	3		
沈んだ					17	3			8		24
心配な		6	6		19	3		22	12		6
恐れている			3		3			3			6
恐怖	3				3						
その他	6	11	3				3		6		3

(数字は%：縦の合計が100%)

動機づけられている場合は恐怖障害などといわれ、特定の者、動物や他者などを避けようとする。私たちの日常生活での大半の動機づけは、こうした接近と回避のあいだに存在している。

（木附　千晶・青木　智子）

📖 ブックリスト ………………………………………………

外山美樹　2011　行動を起こし、持続する力──モチベーションの心理学　新曜社

CASE 2...

プロサッカー選手のメンタルへの関わり方：理学療法士の立場から

　プロサッカー選手（以下：選手）は、約１年間のシーズンで多くの試合を戦っていく。選手はそのあいだにさまざまなストレスに晒され、身体的だけではなく、精神的にも非常に大きな負荷がかかる。ストレスは状況に応じて増減するため、選手らは日々、その変化に向き合わなければならない。

　近年、世界中の多くのプロサッカークラブ（以下：クラブ）では選手の精神面をサポートする医師、心理士、カウンセラーなどの専門家を配置している。残念ながら、国内のクラブではこのような取り組みを行っているのはわずかで、所属する整形外科医や内科医、理学療法士（以下：PT）、アスレティックトレーナーなどが選手の精神面のサポートに関わっている。

　クラブに在籍するPTは、選手が怪我から復帰するために必要なアスレティックリハビリテーションの中心的な役割を担うため、必然的に選手とのかかわりが親密となる。そのような状況では、選手を支える専門家として「適切な距離感」が重要になる。

　私は、選手とある一定の距離感を保つことより、状況を考慮した上で、距離感を変化させた対応を心がけている。たとえば、選手が怪我からの不安や焦りなど精神的ストレスを感じている時には、選手との距離を縮めて気持ちに寄り添い、共感をした後に、一度、距離をおいて専門家としての意見をポジティブに伝えるようにしている。

　PTとして選手と関わっていると、身体と心はつながっていることを強く感じる。怪我による「痛み」は不安や苛立ち、悲観といった感情を生じさせる。逆に、さまざまな理由による不安や苛立ち、悲観などのネガティブな感情が身体的な「痛み」をもたらすこともある。これらは、ストレス反応をより高めるリスクとなりえる。

　PTは選手の身体的な「痛み」に直接関わるため、選手から不平や不満、怒り、悲しみなど「気持ち・感情」をぶつけられることも少なくない。このような時、PTとしての望ましい対応は正直、私にもわからない。その場の状況に応じて試行錯誤をくり返しているのが現状である。時には、真正面からお互いの考えや想いを伝え合うことで解決することもあれば、第三者を交えた対話で解決することもある。

　そもそも精神面へのサポートは状況によって多様であろう。サポートする側もその状況を一人で抱え込まず、多職種で連携することが大切であるように感じる。PTは一般に身体機能に対する専門家として認識されているが、選手に対して真剣に向き合っていると、身体機能と精神機能は切り離せないことを実感すると伝えたい。

（塙　敬裕）

Chapter 3
感覚・知覚・認知

> 夜空を見る時、人類はその星々を線で結び、星座という「意味」を作り上げた。西洋人は、オリオン座にギリシア神話に登場する狩人を見出した。一方、日本人はそれらの星々のうちでもっとも美しいα星のベテルギウスを「平家星」、青白いβ星のリゲルを「源氏星」とよび、悲しい古戦の記憶を投影している。
> 同じ星々を見ても異なる文化的背景や歴史によって意味に違いが生じる。これこそが感覚・知覚・認知の本質である。私たちは、同じものを見聞きしても、その人がもつ記憶や知識、体験に基づいて異なる解釈をする。
> 本章では、心理的世界を創造する感覚・知覚・認知のメカニズムを学ぶ。

第1節 外界情報を理解する

1．認知心理学の登場

1930年代以降、とくにアメリカの心理学はワトソンによる刺激（S）－反応（R）に基づく行動主義（→第1章）、新行動主義の研究が重んじられ、人や動物などの有機体（O）について、その意識過程、記憶や思考などの研究は停滞したままだった。

ところが、1950年代になると情報工学が誕生し、コンピュータ技術の発達とともに脳科学、人工知能の研究が始められた。これにより、従来、ブラックボックスとされてきた人の見る・聞く・味わうなどの五感を通して得た情報を処理するプロセスの解明、すなわち認知―感覚・知覚、記憶、言語、感情、思考などに関する研究が進展した。

2．外界情報を処理するプロセス

生物は、生きていくために自分の置かれた環境を知り、それに対応した行動をとる。そのために、外界からの情報を目や耳のような特定の身体器官で受け止めている。これを**感覚**という。

　感覚には、**五感**（表3-1）**視覚、聴覚、嗅覚、味覚、皮膚感覚**のほか、**運動感覚、平衡感覚、内臓感覚**がある。また皮膚感覚は、圧覚（触覚）、痛覚、冷覚、温覚の4つに区分される。

　知覚とは、ものを見る時、その物体が何色をしていて、どのような形で、どのくらいの大きさであるのかを「視覚」という感覚をもとに情報を処理して認識する働きである。一方で、時に感覚の対象を欠いた（物理的に何も存在せず、何も見えないのに）知覚があり、これを**幻覚**（→第6章）という。

　さらに、**認知**とは、リアルタイムで生じる感覚や知覚だけでなく、記憶や推論などの情報処理全般の活動をまとめたもので、生物は認知によって知識を獲得し、環境に適応していく。スキナーボックスのネズミもレバーを押すことを学習し、箱のなかで餌を得る方法を獲得していた。

　先の星座の例のように、同じ刺激が与えられても、受け止め方や行動、見方が異なるのは、感覚によって同じ情報を受け取り、知覚を得ても、過去の記憶や推論の仕方により認知に違いが出るためである。

認知機能　　感覚を受容していく機能

| 五感
視覚・聴覚・嗅覚
触覚・味覚 | 前庭感覚
（平衡感覚） | 固有受容覚
（手足の位置を
感じる感覚） |

認知する
見たもの、聞いたもの、匂いを嗅いだものなどの外界の情報に対して、それをどう解釈するか

【トピックス：カクテルパーティ効果とマスキング効果】にぎやかな飲み会や集まりの席で、友だちと会話している時、周囲がうるさくても友だちの声だけは聞き取れる。これは、カクテルパーティ効果と呼ばれ、遠く離れた場所で自分の悪口や噂話をされている時に、それだけが聞こえるというのも同じ現象である。

私たちは日常生活で、常に多くの情報から必要な情報を選び取っている（選択的注意）。注意が向けられない情報は遮断されるのでなく、注意の容量は一定であるため、注意していない情報の入れ込みは弱まると考えられている。

逆に、飲み会で友だちと話をしていたら、救急車のサイレンの爆音が響き、友だちの声が聞こえなくなることなどがある（マスキング効果）。この現象は、ある刺激が別の刺激によって弱まる、遮られるもので、聴覚に限定したものではない。

日本と比べ入浴習慣の少ないヨーロッパでは、体臭を香水でマスキングする文化がある。トイレの消臭剤も多くは無臭でなく、強い香りで悪臭をマスキングしている。トイレで大きな流水音が流れる消音ボタンも同じだ。香辛料やにんにく、しょうがなどは、肉や魚などくせの強い食材の味覚をマスキングするために用いられている。

3．2つの情報処理

図3-1は、一見すると単なる斑点の集まりにしか見えない。しかし、中央部分の斑点を1つの集まりとして見ると、犬のようなものが見える。そして、その一群の斑点を意識的に見ているうち、その犬がダルメシアンだとわかる。

図3-1のなかに一群の斑点を見出し、それについての記憶や知識を駆使して、犬や犬種をとらえ、理解するプロセ

図3-1　ダルメシアン知覚（写真：James）

第1節　外界情報を理解する　　39

スが知覚であり、認知である。このことから、認知が視覚などの感覚と異なり、経験や知識、記憶から影響を受けることがわかる。もし、ダルメシアンという品種の犬を知らなければ、図3-1を犬として知覚できても、ダルメシアンとして認知することはできない。

外界情報を理解するには、感覚からの情報だけでなく、知識や記憶など受け手側のこれまでの情報が必要になる。

これについて、ノーマンとボブロー

図3-2　2つの情報処理

(Norman & Bobrow 1976) は、人間が外界情報を取り入れ処理していくプロセスを情報処理過程とみなし、**ボトムアップ処理**と**トップダウン処理**の2つのしくみを提唱した。

ボトムアップ処理では、感覚情報に基づいた部分処理が最初に行われ、より高次なレベルへと処理が進んでいく（**データ駆動処理**）。一方、トップダウン処理は、これまでの記憶や知識から予期や期待を作り、それに即して処理が行われる（**概念駆動処理**）

図3-1は、知識や期待がなければ単なる無意味な斑点にしか見えないが、「犬がいる」というボトムアップ処理が行われると、より高次なレベルへの処理が進行し、ダルメシアンという犬種を見出すことができるのである。

第2節　感 覚 過 程

1．感覚の種類と成立条件

感覚が成立し、経験として感じるためにはいくつかの条件が必要である。

第一に、**感覚器官**あるいは**受容器**の正常な機能である。たとえば、視覚の感覚器官は目で、受容器は網膜上の視細胞（錐体と桿体）である。その他の感覚様相にもそれぞれに対応する感覚器官と受容器があり、これらに変異があると、

一般の人々と感覚的体験が異なることになる（表3-1）。

　第二は、受容器を興奮させるための適切な物理的刺激やエネルギーがあることである。目に音波を当てても何も感覚体験が生じないように、すべての物理的刺激やエネルギーが受容器で情報（**インパルス**）に変換されるわけではない。

　視覚では光、聴覚は音波のように、受容器によって受容される刺激が定まっている（**適刺激**）。一方、視覚に対する音波のように、受容器を興奮させるに適していない刺激を**不適刺激**という。

　第三は、刺激の強さである。感覚を生じさせる最低限の刺激の強さを**刺激閾**（**絶対閾**）、最大限の刺激の強さを**刺激頂**という。たとえば、光は約380〜780nmの電磁波の一種であるが、これよりも波長が長ければ赤外線、逆に短ければ紫外線となり、視覚的経験として感じることができない。

　また、同じ種類の刺激を変化させた時、その違いを感知できる最小の刺激差を**弁別閾**、あるいは**丁度可知差**という。たとえば、290ｇの重さの物を持ち、その重さを１ｇずつ増やしていき、300ｇになった時に重くなったと感じた時、290ｇに対する10ｇが弁別閾となる。この弁別閾は290ｇでは10ｇだが、30ｇになるとわずか１ｇ増すだけで変化を感じる（**ウェーバーの法則**）。後に、ウェー

表3-1　感覚の種類（山村・高橋 2017）

種類		適刺激	受容器
視覚		光（約380〜780nmの電磁波）	網膜内の錐体と桿体
聴覚		音（約15〜20,000Hzの音波）	蝸牛内の有毛細胞
嗅覚		揮発性物質（刺激源からの気体や微粒子）	嗅腔内の臭細胞
味覚		水溶性物質（刺激源から唾液にとけた物資）	舌の味蕾内の味細胞
皮膚感覚	圧覚触覚	皮膚に加えられる圧力	皮膚のパチニ小体、マイスネル小体、ルフィニ終末
	温覚	温度刺激、電磁波の一部	皮膚の自由神経終末
	冷覚	温度刺激、電磁波の一部	皮膚の自由神経終末
	痛覚	強い圧力、化学薬品、電流など	皮膚の自由神経終末など
運動感覚（深部感覚）		筋、腱、関節部の緊張（自己受容感覚）	筋紡錘など
平衡感覚		身体の傾き、全身の加速度運動	内耳の卵形嚢などの有毛細胞
内臓感覚		内臓諸器官の生理的バランスの変化など	機械受容器、自由神経終末など

バーの法則を発展させた「感覚は、刺激の強さの対数に比例して変化する」というフェヒナーの法則が提唱された。

2．矛盾感覚

　私たちは刺激がなくても何かを見聞きし、逆に、刺激があっても何も感覚的に体験しないことがある（**矛盾感覚**）。

　入浴時に、最初は熱いと感じたお湯をだんだんと心地よく感じたり、不快な臭いにも徐々に慣れて感じなくなるなど、同一の刺激が同一の強さで継続的に示されると、感受性の低下が起き、感覚の強度や明瞭さが弱まり、場合によっては感覚が消失する（**順応**）。

　一方、長時間、船に乗り、降りた後で身体が揺れて感じたり、眩しい光を見た後で壁に視線を向けると黒い影が見えることがある。刺激が除去された後も刺激の感覚が残存することを**残像**という。

第3節　知覚過程

1．知覚と錯覚

　知覚とは、感覚過程から得られたデータだけでなく、これまでの知識や記憶にも基づいて成立する経験である。

【トピックス：幻肢とラバーハンドイリュージョン】幻肢とは、四肢切断患者が失われた手足が、まだあるかのように感じることをいう。また、失った四肢を動かそうとして動かせない場合、その部位に激しい痛みが生じることを幻肢痛という。幻肢痛の原因について、神経科学者のラマチャンドランは、失われた肢に対して「動け」という命令を出しているものの、「動かない」という視覚からの情報が作用しているということから、ミラー・セラピーという療法を始めた。

この療法では、上蓋が除去され、正面に2つの穴があき、中央に鏡が縦に置かれている「バーチャルリアリティ・ボックス」を用意する。患者は、鏡の表側が向いている方の穴に健常な手を、裏側が向いている方の穴には幻の手を入れる。そこで、患者に鏡に映った健常な手を見てもらいながら、動かしてもらう。すると、患者は幻の手が動いているような錯覚をする。治療を平均3.5週間実施した事例では、7名中6名の痛みが消失した（玉城・大沢2007）。

特殊な状況下では、一般の人々でも似たような体験ができる。それがラバーハンドイリュージョンである。この実験では、着席した実験協力者の前に右手の形をしたラバーハンドを置き、本人の右手はその右側に置く（図3-3）。ラバーハンドと本物の右手のあいだには仕切りを立て、本物の右手は実験協力者の視界から隠される。このような状況下で、実験者はラバーハンドと本物の手の両方に対して刺激を与える。これをしばらく続けると、ラバーハンドに触られている錯覚を経験する。

このことからも、幻肢あるいは幻肢痛とラバーハンドイリュージョンは、感覚的体験が脳内で作られるものであるとわかる。

図3-3　ラバーハンドイリュージョンの実験状況 (井手ら2008)

錯覚という言葉は、「ごめん。私の錯覚だったわ」など間違い、錯誤の意味で日常的にも使われている。しかし、心理学では間違いに気づいていても修正できず、正常な状態として誰もが必ず知覚する歪みをいう。とくに、視覚につ

【トピックス：色覚異常と難聴】

　視覚の受容器は、錐体と桿体とよばれる視細胞である。錐体は色覚に、桿体は明暗の感覚に作用する。

　色覚異常は、錐体の異変から生じる。ヒトの錐体は 3 種類あり、可視光線の短波長（約430nm）、中波長（約530nm）、長波長領域（約560nm）に感度のピークをもつ。

　それぞれの錐体は、L 錐体・M錐体・S 錐体と呼ばれ、各錐体を赤・緑・青の色で示すこともある。私たちは、この 3 種類の錐体が光を吸収する割合から色を感覚として経験できる。

　このため、錐体のすべてに異変がある場合、色をまったく識別できない。これを 1 色覚（全色盲）という。また、L 錐体がない場合を 1 型 2 色覚、M錐体がない場合を 2 型 2 色覚という（赤緑色覚異常）。さらに、錐体が 3 種類あっても、そのうちのどれかが機能低下している場合を異常 2 色覚（色弱）という。

　聴力が30dB以上低下している状態を難聴、100dB以上の音が聞こえないことを聾という。

　難聴は、その原因によって伝音性難聴と感音性難聴、混合難聴に区分される。聴覚の適刺激である音波は、外耳に入り、鼓膜と中耳内の耳小骨を振動させながら、その振動を中耳内の聴覚の受容器である蝸牛内の有毛細胞に伝える。伝音性難聴では、外耳または中耳など音波の振動を受容器まで伝える器官に問題がある。一方、感音性難聴は、聴覚の受容器の機能低下、もしくは聴受容器から脳へ信号を送る神経の異変が原因で生じる。伝音性難聴と感音性難聴の両方の症状が発生している状態を混合難聴という。

いての錯覚を**錯視**という。トリックアートはこのメカニズムを逆手にとった表現方法である。

　錯視は、その現象についての知識がある場合でも生じる。むしろ、視覚で生じる物理的世界と知覚的世界のズレが、特別な状況で著しく現れた現象と理解すべきである。

2．形 態 知 覚

　図 3-1 でダルメシアンを見つけたように、空間のなかから形ある "もの" を見出す知覚を**形態知覚**という。形態知覚は、その形を構成する各部分が "まとまり" をもって、他の領域から分離して知覚される必要がある。このプロセ

スをヴェルトハイマー（Wertheimer 1912）などのゲシュタルト心理学者は体制化と呼び、多くの研究を行った。

ゲシュタルト心理学は、心理現象を個々の反応の集合ではなく1つの全体と考える立場だが、その基礎には、構造をある1つのかたまりとして認知するという知覚研究の考え方がある。

もっとも基本的な体制化は、**図**と**地**の分化である。図とは視野のなかで形をもって浮き出て見える領域、地とは背景となって見える領域をいう。

ルビン（Rubin 1921）が考案した図3-3 aは、白い部分に注目すると杯に、黒い部分に注目すると向き合う2人の横顔に見える。しかも、どちらか一方を図として見ている時は他方は地になってしまい、2つの異なる形を同時に見ることはできない。図3-3は、図と地が注意の交代で入れ替わることから、**反転図形**と呼ばれる。

図と地が分化し、視野にいくつかの図がある場合には、これらの図は"まとまり"を形成する。ヴェルトハイマー（1923）はこれを**群化**と呼び、図3-4のような群化を引き起こす要因（**ゲシュタルト要因**）をあげた。たとえば、私たちは夜空の無数の星のなかから白鳥座やオリオン座を簡単に見つけ出せるが、これは「近接」と「よき連続の要因」が作用しているためである。

これらのゲシュタルト要因が同時に複数存在する場合、全体としてもっとも単純かつ規則的で安定した秩序ある形にまとまろうとする（**プレグナンツの傾向：プレグナンツの原理**）。ゲシュタルト心理学では、この傾向は知覚だけでなく問題解決などにも適用できると考えている。

a. Rubin（1921）

b. Jastrow（1899）

c. Hill（1915）

図3-4　図地反転図形

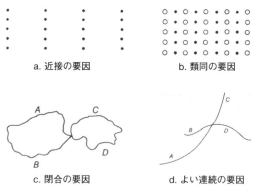

図 3-5　ゲシュタルト要因（Wertheimer 1923を一部改変）

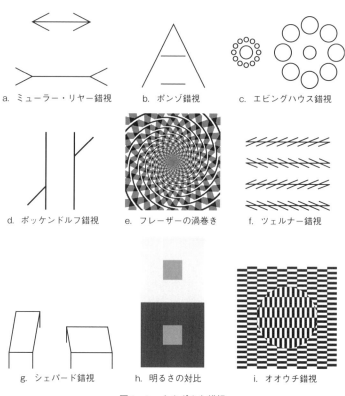

図 3-6　さまざまな錯視

第 3 章　感覚・知覚・認知

【トピックス：ファッションと錯視】生活のなかでもとくに錯視を積極的に取り入れている分野がファッション・化粧などの領域である。

たとえば、大ぶりなストールを首に巻くと、エビングハウス錯視（図3-5c）によって顔が小さく見える。つばの広い大きな帽子をかぶる、大ぶりなネックレスやイヤリングをするなども同様である。

化粧もまた、ノーズシャドーなど、顔の適切な位置に影をいれることで、ほっそり見せるシェーディングであり、幅を奥行きに変えるものである。

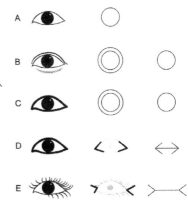

図3-7　化粧効果と幾何学的錯視の関係
（森川 2012）

デルブーフ錯視の応用で、カラーコンタクトやつけまつ毛などを用いて目を大きく華やかに見せることもできる。目の周囲を拡張する（二重にする、涙袋を誇張するなど）ことで、目を過大視化することも可能である（図3-6B）。また、ミューラー・リヤー錯視は、アイラインの描き方で、目を垂れ気味に見せることも可能にする。

これらの原因として、第1に形の知覚が周囲と独立ではなく、周囲にある物体・形状に影響されること、第2に、複雑な3次元形状を脳が正確に知覚するためには視覚情報が不足しているため、足りない情報を経験に基づく推測で補うためだと考えられている。

(青木　智子)

形態知覚は、図が"まとまり"をもって群化するだけで生じるわけではない。その"まとまり"が既存の記憶や知識、予期や期待と対応し、意味が与えられることで生じることがある（**スキーマ**）。図3-1のダルメシアンは、スキーマがトップダウン処理的に機能することで知覚が成立している良い例である。

また、私たちが多少くずれた文字でも前後の文脈からその文字を理解することができるのも（**文脈効果**）、これまでの知識に頼ることで得られる知覚である。

3．知覚の恒常性

私たちは、常に頭や身体あるいは眼を動かしている。身体を動かせば、当然、

網膜に映し出される映像も動くはずだが、風景のぶれを感じない。**知覚の恒常性**は、感覚器に与えられる刺激が変化しても、物の大きさ、形、色などの特徴が比較的変化せずに保たれる現象をいう。

　大きさの恒常性：６ｍ離れている友人が３ｍ先まで近づいてきたとする。６ｍ先の友人と３ｍ先の同じ友人の網膜像の大きさは２倍異なるが、私たちはそのようには感じない。このように、対象の観察距離が変化しても、対象である友人の見た目の大きさはほぼ一定に保たれる。

　形の恒常性：百円玉をゆっくり180度回転させてみよう。網膜に映る映像は、少し回転させただけでも楕円に変化するはずだが、そう感じることはない。視線に対して対象を傾けた場合、それによって生ずる網膜像が変化するにもかかわらず、知覚は実物の客観的な形を保つ。

　明るさの恒常性：明るい部屋で見た白いカップを、暗い部屋で見た場合、光の反射率が異なるため、カップの白さは違った印象を与えるはずである。しかし、実際にはカップの色が変わったようには感じない。これは物の表面から眼に反射する光の強度が、照明の変化によって変化しても、物の明るさが保たれる傾向を示している。

　4．相 貌 失 認

　錯視や奥行き知覚、恒常性は、知覚が外界の写し絵ではなく、感覚で得られた不十分な情報とそれまでにもつ知識や記憶情報とを再計算し、自覚的な体験として再構成する処理であることを示している。この処理を通じて外界情報に意味づけされ、その意味を通じて環境に適応した行動が可能となる。

　このような知覚過程に異変が起きた例に**相貌失認**がある。相貌失認とは、大脳損傷後によく知っている人物の顔を見てもそれが誰だかわからず、新しい顔を学習することもできない障害をいう。

　顔であることは理解できるが、誰の顔であるのかがわからない連合型と、顔そのものが知覚できない統覚型に区分される。鏡に映る自分の顔を見た場合、統覚型相貌失認患者は「黒い穴が３つ（目と口を指す）ある丸い塊」などと知覚するのに対して、連合型相貌失認患者は顔だと理解できるが、それが自分の顔

【トピックス：奥行き知覚と奥行き手がかり】私たちは視覚的に現実世界をとらえる際、外界から入ってくる3次元情報を網膜像に投影し、その投影された2次元情報を、奥行き手がかりに基づいて、再び3次元情報に復元して知覚する。それらの具体的特徴をみてみよう。

①両眼視差：両眼で立体を見る時、右眼と左眼とに映る網膜像はわずかに異なる（図3-7）。図3-7 aとbそれぞれを右の画像を右眼で左の画像を左眼で見る（平行法）、あるいは左眼で右の画像を右眼で左の画像を見る（交差法）と立体的に感じる。

②肌理の勾配：物の表面の密度の違いを肌理と呼ぶ場合、肌理は手前ほど粗く、遠ざかるほど細かくなる（図3-8）。絵画の遠近法で用いられる**線状透視**や**大気透視**が該当する。

③陰影・濃淡の勾配：陰の位置を上にするとそれは凹面になり、陰の位置を下にすると凸面になる。さらに、陰の濃淡は、外側が濃く、内側は薄くなるようにだんだんと変化させなければ立体的に見えない（図3-9）。

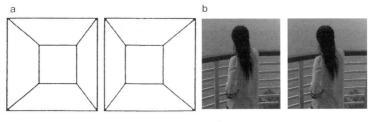

図3-8　ステレオグラム

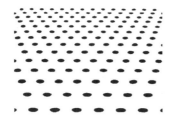

図 3-9　肌理の勾配
（Gibson 1950）

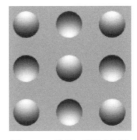

図 3-10　陰影・濃淡の勾配
（Kleffner & Ramachandran 1992）

であると理解できない。この2つの相貌失認の違いは、知覚が図の体制化という ボトムアップ処理と既存の知識や記憶との照合というトップダウン処理相違 によるものと考えられている。また、相貌失認は、単なる**失認**とは異なり、顔 認識のみが障害されているため、顔を他の視覚刺激とは区別して処理する顔固 有の処理メカニズムがあるとする考えもある。

■ 第4節 感覚・知覚の加齢変化

1. 乳幼児の感覚・知覚

これまで、生後間もない新生児は、視覚など種々の感覚・知覚能力が低いと 考えられてきた。

ファンツ（Fantz 1961）は、新生児の目の前のパネルに2枚の刺激図形を左右 に並べて示し、おのおのの図形に対する注視時間を測定した（図3-10）。その 結果、生後5日以内の新生児でも、単純な図形よりは複雑なもの、新奇なもの、 とくに人の顔をより長く注視する傾向を認めた（**選好注視法**）。これは、われわ れが生後すぐに視覚的刺激を弁別する能力を備えていることを意味する。

また、ギブソンとウォーク（Gibson & Walk 1960）は、新生児の奥行き知覚に ついて、**視覚的断崖**という装置で検討した。装置は透明なガラス板のすぐ下に 市松模様がある浅い部分と、はるか下にある深い部分から成っている。この装 置のガラス板の上にハイハイができる6～11ヵ月児を乗せ、その向こう側から 母親に呼びかけをさせる（図3-11）。すると、母親の呼びかけが装置の浅い部 分からであればそちらの方へ移動したが、深い部分からでは断崖のところで躊 躇したり、泣き出したりした。このことは、生後6ヵ月頃には奥行きを知覚す ることが可能であることを示している。

ハイハイができない1～9ヵ月児を装置の浅い部分と深い部分に乗せた時の 心拍数の変化を測定した実験（Campos et al. 1970）では、1ヵ月児ではどこに乗 せても心拍数に変化がなかったが、2および5ヵ月児では深い部分に乗せた場 合に心拍数が減少し、9ヵ月児では逆に増加した。心拍数の減少は注意を、増 加は恐怖反応の指標となる。このことから、奥行き知覚の成立は生後2ヵ月頃

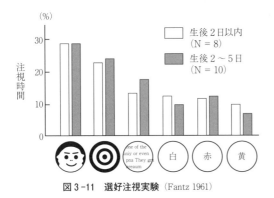

図3-11 選好注視実験 (Fantz 1961)

図3-12 視覚的断崖
(Gibson & Walk 1960)

であり、それが恐怖と結びつくのは生後7ヵ月頃だと考えられる。

2. 高齢者の感覚・知覚

　加齢には多くの感覚機能の低下を伴う。視覚系では、水晶体の弾力性の低下、水晶体を調節する網様体の筋力の低下により、近くのものを見る近方視力も遠くを見るための遠方視力も低下する。

　近方視力は10歳から直線的に低下し、50～60歳代では1m離さないと焦点が合わなくなる。また、暗順応までにかかる時間は、50歳頃から長くなり、70歳以降では20歳時の2倍以上の時間を要する（外川 1990）。その他、**白内障**や**緑内障**などの視疾患を原因とする色覚異常や視野狭窄、視力低下が生じる。

　聴覚系では、聴力が低下し、耳が遠くなる。これは、聴覚の感覚器官の変性や脱落により、聴覚の刺激閾が上昇するためである（**老人性難聴**）。老人性難聴は、高い音ほど大きな音でないと聞き取りづらい。また、内耳の細胞が弱るために大きな音に過敏になり、うるさく感じることもある。

　また、味覚は、60歳代から味蕾（舌や軟口蓋にある食べ物の味を感じる小さな器官）の萎縮・脱落が進むため、絶対閾が上昇する。とくに、塩味と苦味の感覚が低下するため、高齢者は濃い味を好むようになる。

皮膚感覚全般についても絶対閾が上昇するため寒暖の変化に対して衣服や冷暖房による体温調整がうまくできない。また、他の感覚ほどではないが、加齢に伴い痛覚も鈍化する。このため、怪我や火傷に気づくのが遅れ、重症化することがある。

（山村　豊）

 ブックリスト

服部雅史・小島治幸・北神慎司　2015　基礎から学ぶ認知心理学——人間の認識の不思議　有斐閣
藤田一郎　2007　「見る」とはどういうことか——脳と心の関係をさぐる　化学同人
中島京子　2015　長いお別れ　文藝春秋
小川洋子　2005　博士の愛した数式（文庫）　新潮社
サックス，オリヴァー　春日井晶子訳　2015　レナードの朝　早川書房
鈴木光太郎監修　2000　脳のワナ——きっとあなたもだまされる　扶桑社
桜木紫乃　2021　いつかあなたを忘れても　集英社
三宮真知子　2022　メタ認知——あなたの頭はもっとよくなる　中央公論新書

CASE 3…

親が障害受容するということはどういうことなのか

　障害がある子どもの支援では、子どもへのセラピーはもちろん、家族支援は欠かせない重要なテーマである。作業療法士の私は、大学での教育を主たる業務としているが、臨床も大切にしており、保育所等訪問、特別支援学校、通常学校の巡回療育相談など、支援者（教員、保育者等）の相談になることも多い。

　そのなかでよく質問を受けるのが、「親の理解が得られない」、「親が子どもの障害を受け入れられない」「子どもへの親の認識が低く、障害を受け入れていないのだが、どう対応したら良いか」であり、時には、医療専門職からも「親の障害受容がなされていない」…など、表現は控えめながら、あたかも親に非があるような物言いを耳にする。親が子どもの障害受容ができないことは良くないことなのか？　障害を受容することとはいったいどのようなことなのか、親の障害受容に関する以下の３つのモデルから紹介する。

①　慢性的悲哀説から考える障害受容過程

　オルシャンスキーは、親は子どもの障害告知後、生涯を通して悲しみ続けることを指摘し、「絶えざる悲しみ」すなわち、「慢性的悲哀説」の概念を提唱した（Olshansky, 1962）。これは、親の悲しみは一過性ではなく、悲哀は常に内面に存在しており、子どもの変化や生活上のさまざまな出来事によってくり返されるというものである。

　とくに、子どもや親にとっての大きな分岐点でもある就学・進学、就職などのライフステージの変化時には、悲哀の反応が表面に現れてくる。支援者が、親の「悲しみ」を取り除くべきととらえ、その状態を乗り越えるように励ますことで、逆に、親は支援者に自然な「悲しみ」の感情を表しにくくなり、苦悩をより深める危険がある（柘植・井上 2007）。

　このように慢性的悲哀説は、親が悲しんでいる状態を障害受容に達していない時期と否定的にとらえるのではなく、むしろ自然な精神的反応として親の悲哀の感情を認めるとする考え方である。これらのことを十分に理解し支援にあたらなければならないと考える。

②　障害段階モデルから考える障害受容過程

　ドローターは、障害をもつ子ども（先天性奇形）の親の心理的な反応を「Ⅰショック、Ⅱ否認、Ⅲ悲しみと怒り、Ⅳ適応、Ⅴ再起」からなる、５つの心理状態が重なりながら段階的に変化していくとし、「段階説」を提唱した（Drotar, Baskiewicz, Irvin, Kennell, & Klaus 1975）。発達障害をもつ子どもの親も、同様であると考えられている。

　障害をもつ子どものある親のブログには、

　「―すべての人がこの過程どおりではありません。しかし、この過程をたどる人が多くいるのも事実でしょう。―中略―この中で辛くキツイ時期はⅡの否認（否定期）とⅢの悲しみと怒り（混乱期）ではないでしょうか。見た目でもわからない、身体的や言語的発達に特に遅れはない場合、なにかの間違いであると思いたい気持ちがわいてくるのは自然なことです。今はっきりと発達の偏りが見られてもいつか成長の過程で周りと同じになるのではないかと

ケース３　親が障害受容するということはどういうことなのか　53

いう思いもそう簡単に捨てられるものではありません。治らない障害であると認めることが出来ても心配で将来を悲観してしまうのも泣きくれる日を過ごすこともきっとあることでしょう。障害であること、これからどうしていくべきかを考えること前向きに捉えるまでの道のりは血反吐を吐くような思いを重ねる人がたくさんいるのです。Ⅳの適応（解決）への努力期に達するまで。ここから先はどのような道に進むのか見通しがつくことも大切なのかもしれません…」とある（うちの子流〜発達障害と生きる「我が子が発達障害と言われたら？障害受容までのプロセスとは」[https://nanaio.hatenablog.com/entry/2015/03/20/223004]（2024年10月閲覧）。

　この言葉が示すように、親の障害受容過程における辛さキツさ、悲哀は勿論であるが願いや祈りにも似た、気持ちの揺らぎが伝わってくる。親がどのような精神状態にあるのか、障害段階モデルの今どの時期にいるのか、支援者は親の気持ちを察し、よく考えなくてはいけない。そうすることできっと親との関係性や支援者の働きかけも変わってくるはずである。

③　螺旋モデルから考える障害受容過程

　中田の螺旋モデルは、「慢性的悲哀説」と「障害段階モデル」の両概念を統合したものである（中田 1995）。このモデルは障害種別を限定せず、親が一度子どもの障害に由来する苦悩や葛藤を乗り越えれば、障害の受容に達し、安定するという直線的、固定的なものではなく、障害を周期的・流動的なものとみなしている。

　親は子どもの障害について肯定・否定的な気持ちが常にあり、これが交互に現れ、子の障害を否定する気持ちも「障害受容の大切なプロセス」である。このモデルでは、段階モデルのように障害受容がゴールに達すれば終わりではなく、子の家族のライフステージにあわせた、生涯を通しての支援の重要性が示唆されている。

　子どもの障害を否定したい親の気持ちは、ごく自然であり、障害受容のプロセスに含まれる。「慢性的な悲哀を通して、家族が幾度も心痛を経験し、また幾度もそれをみずからの力で克服することで価値観が変わっていく。一方で障害を受け入れたと思っても、さまざまな場面によって「悲哀」が呼び覚まされる」（中田 1995）。親の障害受容はたやすいことではなく心痛と悲哀の繰りかえしにより意識や価値観の変革に繋がることから、支援者による理解のある支えと十分な時間が必要であることは必然であろう。

（森　直樹）

Chapter 4

記　　　憶

> 「雨が降りそうだから傘を持っていこう」
> このような判断は、自分を取り巻く環境から多くの刺激を受けとめ、外界を認識することから始まる。外界からの刺激情報は、目や耳、皮膚など感覚器官（五感）を通して得られる。つまり、テレビから聞こえた天気予報や窓越しに眺めた空の様子、今の季節、気温や湿度の感じ、傘を忘れて困った経験、職場に置き傘があるという記憶など、それらの情報を総合し、最終的な行動を選択する。そしてこの行動の決定プロセスこそが心理学の研究対象である。
> 日常生活は膨大な刺激情報であふれている。どれが必要で、どれが不要な情報なのかを認識し、さまざまな処理を経て、「認知」するプロセスは第3章で学んだ。本章では、いわば、「傘がなくて困った経験」などの記憶が私たちの行動に与える影響について考える。

■ 第1節　記憶のしくみ

　記憶には、外界からの情報を符号化し、覚えこむ過程「**記銘**」、覚えた内容を保持する過程「**保持**」、思い出す過程「**想起（探索）**」という3つのプロセスがある。

　一方で、電話番号をメモするために一時的に覚える、試験勉強で英単語を覚える、自転車の乗り方を覚える時では、それぞれ感覚が異なるだろう。異なる時間間隔に対応する記憶間の違いについての基礎は、アトキンソンとシフリン

記銘　　　　　保持　　　　　想起
インプット　　メモリ　　　アウトプット

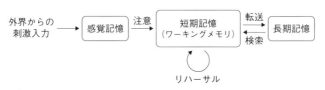

図4-1　記憶の2重貯蔵モデル (安斉 2007)

(Atkinson & Shiffrin 1971) によって説明された。

1．感 覚 記 憶

環境からの情報は、目や耳（五感）などの感覚器官を通して、最初に**感覚記憶**に送られる。次の記憶システムで処理されるまでのわずかな時間だが、情報は正確に保持される。

容量は無制限だが、視覚的情報は約1秒、聴覚的情報は約4秒で消失する。つまり、注意が向けられない情報は、意識さえされないことになる。

2．短 期 記 憶

感覚記憶で注意が向けられた一部の情報は、**短期記憶**に送られる。

短期記憶はいわば一時的な記憶の貯蔵庫で、容量に限りがあり、電話番号程度の桁数しか保持できない。**ミラー**（Miller 1956）はこの容量をマジカルナンバー7「7±2」とよんだ。個々の数字でも、人名や物の名前のように数文字からなる単語で記銘できるのが5～9個なのでなく、ひとまとまりの記憶処理ユニット、**チャンク**数が問題になる。

たとえば、「トウモロコシ」は1つずつの文字を単位にすると6チャンクだが、1つの単語とすると1チャンクになる。携帯電話の電話番号は000-0000-0000と11桁だが、ハイフンごとに3チャンクとすると覚えやすい。

短期記憶での情報は、数十秒程度で消失する。ただし反復や**リハーサル**（復唱）で常に情報を更新していると30秒程度であれば保持できる。

また、「100から7を順番に引いてください（100-

090-XXXX-XXXX
チャンク　チャンク　チャンク

7は？ それからまた7を引くと？：改訂長谷川式簡易知能スケール→第6章)」のように答えの93を保持した上で、7を引くというような計算を継続する場合、この時用いる一時的な記憶を**ワーキングメモリ**（もしくは**作動記憶**）とよぶ。

ワーキングメモリは、何か作業を行う時に必要な記憶で、その記憶をもとに思考、展開することで次の作業が進行する性質をもつ。紙に書かれた電話番号を見て、いったん目を離して電話をかける時、その数字はワーキングメモリに保存されている。

3. 長期記憶

短期記憶に蓄えられた情報の一部は、反復やリハーサルによって**長期記憶**に送られる。長期記憶では情報は永続的に保たれ、容量も無制限である。

同級生の顔や自宅の住所、夏休みの思い出（エピソード記憶）、何度も口に出して覚えた歴史の年表（意味記憶）、さらに衣服の着脱や料理など体で覚えたもの（手続き記憶）は、すべて長期記憶に蓄えられている。

長期記憶のなかでも「去年の夏、家族と京都に出かけた」「昨日ファミレスで友だちと夕食を食べた」のように、時間・空間的に特定できる、自分の経験した出来事の記憶を**エピソード記憶**という。

また、「日本の首都は東京である」など、特定の

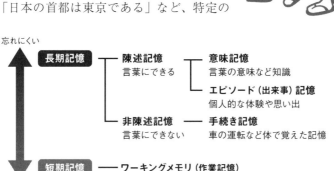

図4-2 記憶の内容による分類

第1節 記憶のしくみ

場所や時間と結びつかない一般的知識は**意味記憶**とよばれる。

これに対し、その内容を正確に言葉にできない自転車の乗り方、歯磨き、食事の仕方、トイレのすませ方などのように、体で覚えた何かのやり方の記憶が**手続き記憶**というように分類できる。

記憶喪失（逆行性健忘）は、主にエピソード記憶の障害である。自分がどこの誰だかがわからなくても、会話はでき、話の内容も一般的知識にも問題がない。ここからも、意味記憶とエピソード記憶が異なる記憶システムであることがわかる。また、エピソード記憶のなかでも、とくに自分自身の出来事についての記憶は**自伝的記憶**とよばれる。

4．展望記憶

朝、学校に行く電車のなかでバイト先にメールをし、午前の授業に出る。昼に友人と待ち合わせをして、午後の授業で合流し、最後の授業ではレポートを提出する……というように、これから自分がすることを忘れずにいる場合にも私たちは記憶を用いている。これらを**展望記憶**（未来記憶）という。

5．忘　　却

長期記憶に記銘し、保持された情報は、必要に応じて想起されるが、時々その想起ができないことがある（忘却）。これは想起の失敗、情報の再現の失敗といえるが、忘れるのにはさまざまな原因がある。

【トピックス：レインマンの記憶力】亡くなった父の遺言で、すべての遺産を施設に住む障害者の兄が受け取ることを知ったトム・クルーズ演じるチャーリーが、兄を拉致し、ロサンゼルスに連れていこうと画策するロードムービー『レインマン（1988）』。

　兄のレイモンドが空港でパニックを起こし、飛行機の搭乗を徹底的に拒否したため、飛行機で3時間の距離を3日かけて車で移動する道中で起こるアクシデントが描かれている。

　レイモンドは、4桁の掛け算や平方根を簡単に解く一方で、10ドルで1個50セントのリンゴをいくつ買えるかといった簡単な計算ができない。人の話を理解して想像することが難しく、いわゆる社会的常識がまったくない。曜日ごとに同じメニューの食事をし、パンツのブランドにこだわるなど、日常生活にも多くの支障があり、施設で介助を受けて生活する自閉症患者である。

　一方でホテル備え付けの分厚い電話帳を丸暗記し、カーペットの複雑な模様を完璧に模写してみせた。レストランでは、床に散らばった300本弱の楊枝の本数を正確に言い当てた。ラスベガスのカジノで次々と数字の記憶力の威力を見せつけ大勝し、幼いチャーリーが兄をレインマンとよんでいたことを兄は鮮明に記憶していた。短い旅のなかでチャーリーとレイモンドの兄弟は心を通わせるようになっていく。

　このように、知的障害や自閉症スペクトラム障害をもちながら、突出した記憶力をもち優れた能力を示す人々をサヴァン症候群（savant syndrome「savant」はフランス語で「賢人」の意味）という。私たちのまわりには、知的障害や自閉症スペクトラムなどの子どもや大人が少なくない。日常生活になじまないことから差別やいじめの対象になってしまうのは残念なことである。普通の人間を大きく上回るすばらしい才能をもちながらも、それを発揮できない社会のあり方について考えさせられる。

（1）減 衰 説

　時間の経過に伴い、記憶はしだいに失われていくとする考え方が忘却の減衰説である。しかし、長期記憶に生涯保持される記憶や、部分的に残された記憶などはこの理論から説明できない。

　エビングハウス（Ebbinghaus 1885）は、13個の無意味綴り（例としてXEG、KNEなど3つのアルファベットの羅列）を完全に記銘する（覚える）までの時間を測定し、その後、再び同じリストを完全に記銘するまでに要した時間を測定し、両者の比較からどのくらい記憶が保持されているか確かめる実験を行った。つまり、

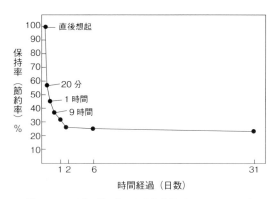

図4-3　エビングハウスの忘却曲線 (Ebbinghaus 1885)

同じ課題を再度学習する時にどれだけ時間が節約できるかを調べたのである。結果を示す忘却曲線を見ると、時間が経過するほど、再学習にかかる負担が増加していくことがわかる。たとえば1時間後であれば44％の学習時間を節約できる。忘却は1日後までは急速に進行するが、それ以降は緩やかになる。これは、最初に覚えてから時間が経過すればするほど思い出すこと、再学習することに手間や時間のかかることを示している（**エビングハウスの忘却曲線**）。

（2）干　　渉

　記憶した内容同士が影響し合い、忘却を早める干渉は忘却の1つの原因でもある。記憶が定着するには一定の時間が必要だが、定着前に干渉を受けると記憶内容は失われる（固定説）。例として英語の勉強→ドイツ語の勉強→英語のテストを受けると、英語の勉強の後にあらたに学んだドイツ語の学習内容が英語の学習内容を干渉し、結果として英語の学習内容が忘却される（逆向干渉）。

　逆に、ドイツ語の勉強→英語の勉強→英語のテストの順になると、英語より前に行ったドイツ語の学習内容が、英語の学習内容を干渉し、何もしない時に比べて忘却が早まるとされる（順向干渉）。

　また、試験の一夜漬けで英語とドイツ語など類似した科目をいくつも勉強した場合、覚えた単語が英語なのかドイツ語なのかわからなくなることがある（重畳効果）。人の名前なども似たものが多くあると混同してわからなくなることがあるが、変わった名前は印象に残りやすい（孤立効果）。

a. 逆向干渉（逆向抑制）
あいだのドイツ語の学習が、先に行った学習内容を干渉（抑制）し、何もしない時に比べて忘却が早まる。

b. 順向干渉（順向抑制）
英語の学習よりも先に行ったドイツ語の学習が、英語の学習内容を干渉（抑制）し、何もしない時に比べて忘却が早まる。

図4-4　逆向干渉と順向干渉

単語をアルファベット順で暗記すると、abc……など、はじめの部分（**初頭効果**）と後半部分（**親近効果**）は早く覚えられるが、中央部分は覚えにくく、忘れやすい。これは**系列位置効果**とよばれるものである。このように学ぶ内容や順序は記憶に影響を与える。

（3）認知的不協和理論など

自分にとって不愉快な記憶や、思い出すことで苦痛な記憶（→第10章　防衛機制・抑圧を参照）、認知的不協和（→第2章）を伴う記憶などは無意識に忘却されることがある。また、動機づけと忘却との関係についても研究されている。

第2節　日常のなかでの記憶

1．記憶の変容

記憶は固定的なものではなく、流動的なものである。カーマイケル（Carmichael 1932）は、抽象的な図形に名前をつけて提示すると、その名前を反映した形に変化した図形が想起されることを明らかにした（ラベルづけの効果）。たとえば、図4-5の原図形を被験者に記銘させる。同じ曲線の図形を見せら

れても、「三日月」とラベルをつけられると図形は太くなり、「アルファベットのC」とつけられると図形は細く、右側の開いた部分も小さくなる。記憶の変容は、記銘時における刺激の意味の理解から生じることがわかる。

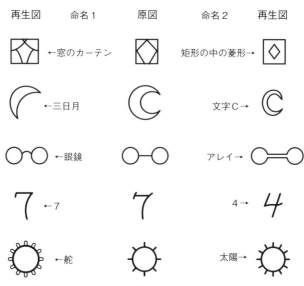

図4-5　ラベルづけの効果（Carmichael et al. 1932より作成）

2. 目 撃 証 言

　事故や犯罪の目撃証言、事件発生時の記憶は裁判などでも重要な役割を果たす。仮にあとで重大な事件に遭遇したと知っても、その時の自分には興味がなく、印象的でなければ、当時の状況を正確に思い出すことは難しい。その理由として、事件・犯罪を目撃した者は、その出来事に関して、テレビや新聞などさまざまな方法で追加的に多くの情報を得ること、複数の目撃者証言から影響を受けることが指摘されている。このような事後情報が、もとの記憶を変えてしまうと考えられている。

　ロフタスとパーマー（Loftus & Palmer 1976）は、出来事をどう質問するかが、事後情報に関係することを実験から明らかにしている。

自動車事故の映画を見せた後で、事故車のスピードを「車が衝突（hit）した時のスピードはどのくらいでしたか？」とたずねるグループ、「車が激突（smashed）した時のスピードはどのくらいでしたか？」とたずねるグループの2つに分けて、検証した。

　すると、まったく同じ映画を見ているにもかかわらず、衝突（時速54キロ）よりも激突（時速65キロ）と質問された方がスピードを速く感じていた。さらに、実際の映画ではフロントガラスは割れていなかったが、「割れたフロントガラスを見たか？」の質問には、見た人は衝突（14％）グループよりも激突（32％）グループの方が多かった。つまり、どうたずねるか、言葉づかいや表現の違いが、見てもいない目撃証言を生み出す可能性がある。

図4-6　ロフタス・パーマーが実験時に使用したスライド（Loftus et al. 1978）

3．偽りの記憶

　偽りの記憶とは、生じていない出来事であるにもかかわらず、それが実際に起こった出来事であると誤って想起されるものである。子どもの頃の写真やビデオを見ていると、幼児性健忘によって覚えていないはずの幼い年齢でありながら、撮影時のことを覚えている気がすることがある。これは、自分の実際の体験でなく、外部からの情報で形成されている。単に想起をくり返すだけでなく、出来事のイメージを思い浮かべると、より偽りの記憶が現れやすくなるともされる。

　偽りの記憶の形成の理由の1つに、そのような出来事が起こってもおかしくないという信念がある。自分の子どもに愛情を感じられない人が、「幼い時に親に叩かれた。親の愛情を受けていないから、私は子どもを愛せない」という

第2節　日常のなかでの記憶　　63

誤った信念をもつ場合、親が愛情をもって接していてくれたにもかかわらず、叩かれたことを強調して想起してしまう。

次に、自分の知識や期待に基づいた再構成というメカニズムがある。私たちの記憶はもとのままの形で引き出されるのでなく、自分の知識や期待をもとに、類似の経験や想像、願望もまじえた上で再構成される。

さらにはリアリティモニタリングとよばれる判断の失敗がある。ある記憶が現実に起こった出来事なのか、頭のなかでイメージした出来事なのかを判断することをさすが、例として、寝すぎてしまった時に現実の出来事と昨晩の夢で見たことの区別がつかないことなどがある。自分に関する重要な出来事の記憶、すなわち自伝的記憶の研究から、探索される体験内容は、想起する時点での自己のあり方で変容してしまう。

これらにくわえて、その行為をどのくらい重要と感じているかという動機づけが**展望記憶**に影響することがある。私たちは、これからやろうと思っていることを忘れたり（し忘れ）、思っていたことと違うことをしてしまうこと（スリップ）がある。たとえば、薬の飲み忘れの多いクライエントには投薬の重要性を認識させ、動機づけを高めること、あわせて、薬を飲む時間にはアラームがなるように設定しておくなど、なんらかの手がかりの工夫が効果的である。

第3節　記憶の加齢変化

視覚機能、聴覚機能などの感覚器官、運動器官は、加齢の影響を避けて通ることはできない。これらの影響から、高齢者は覚えること、すなわち記銘が不十分になる。記銘過程での失敗は、想起過程にまで影響する。さらに、加齢は感覚情報を受け取る生理機能の低下だけでなく、注意・関心・興味などの心的機能の低下をももたらす。一般的に高齢者は記憶が低下するが、この低下は意味記憶やエピソード記憶などすべての記憶にみられるわけではない。

意味記憶の重要な側面に内部辞書とよばれるものがある。内部辞書とは、単語・概念・さまざまなイメージ間の関係を思い浮かべるためのネットワークをいう。内部辞書にある意味のネットワーク自体は高齢期でも障害を受けないが、

辞書を開く働きは遅くなる。そのため「喉まで出かかっているんだけど……出てこない」というような現象が生じる。

エピソード記憶は、65歳の段階になる前から徐々に能力が低下するとされる。

また、手続き記憶は、身体で覚えた作業や問題解決などのスキルも含む生活上で重要な記憶だが、加齢の影響を受けにくく、一度獲得したものは低下せず維持されると考えられている（Schugens et al. 1997）。

1．自伝的記憶

50歳以上の対象者に、生まれてから現在に至るまでの自伝的記憶の想起を求めたところ、最近の出来事に加え、10歳代後半から20歳代の出来事が多く思い出された。このように、青年期から成人期前期に一時的に記憶頻度が高くなる現象を**レミニセンス・バンプ**という。この時期は、進学や就職、結婚など新しい生活に移行し、さまざまな出来事を経験する。また、それまでの経験が少ないことから他の出来事と混ざり合うこともない。さらに、この時期は自我同一性を確立すべく自分は何者なのかみずからくり返し問いかける時期でもある。

後のあらたな知見では、自伝的記憶の出来事の情動、すなわち想起した出来事では20歳代の楽しい感情が伴ったものが多く想起されることが明らかにされた（Berntsen & Rubin 2002）。

2．展望記憶

加齢が影響する展望記憶は、取り組むことや内容により異なる。たとえば、メモなどの外部の記録補助手段を用いる時には、将来、「何をする」かの記憶は高齢者と若年者の差はないが、自分の記憶に頼る場合は、加齢の影響により成績が悪くなる（Maylor 1990）。

また、展望的記憶の「何をするか」と、「いつするか」の課題では「何をするか」の方が加齢の影響を受けにくい。たとえば、高齢者への服薬指導で、20時に服用するよう指導するより（いつするか）、夕食後に服用するよう指導する方が（何をするか）、服用を忘れにくいことになる（Einstein et al. 1995）。

一方、いくつかの研究は、「何をするか」、「いつするか」という課題の性質

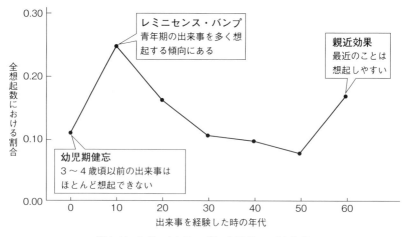

図4-7 レミニセンス・バンプ（山村 2017より作成）

ではなく、思い出すための展望的手がかりが十分にあるか否かが決定要因で、手がかりが足りなくなるほど年齢の影響を受ける傾向にあるとされる。加齢とともに適切な手がかりをうまく使えなくなることが意図の一時的欠落を起こし、高齢者の展望記憶の失敗につながると考えられている（West & Craik 1999）。

人生は1本の映画にたとえられるようにひとり一人異なる。そのプロセスはエリクソンの発達段階に示されたように生物学的側面と家族を中心に説明されてきた。しかしながら、昨今の家族形態の変化などを鑑みると、文化・社会的背景を考慮した発達的視点がより重要になるであろう。

（北川　公路・青木　智子）

 ブックリスト

エリザベス・F. ロフタス 西本武彦訳　1987　目撃者の証言　誠信書房
群ようこ　2017　ついに、来た？　幻冬舎

中島京子　2015　長いお別れ　文藝春秋
篠原彰一　2014　学習心理学への招待（改訂版）――学習・記憶のしくみを探る　サイエンス社
山田規畝子　2007　それでも脳は学習する　講談社
山鳥重　2002　記憶の神経心理学（神経心理学コレクション）　医学書院

C A S E 4 ...

がんの治療を受ける人々のQOL維持向上のために：「Expressive Writing」を用いた心理社会的介入とその効果

　がん患者は抑うつと不安を感じやすく、これらはがん患者のQuality of Life（QOL）を低下させるとともに免疫抑制を生じさせ予後に悪影響を及ぼすと考えられている。シュピーゲルらは、転移のある乳がん患者に、心理療法を行い、顕著な生存期の延長を認めた。「心理社会的介入」は、がん患者のQOL改善に有効で、年齢やがんの部位などを考慮して行うことが重要だと指摘している。

　がん患者への「心理社会的介入」には、教育的介入と心理療法的介入の２つに大別される。心理療法的介入は、患者が感情表出することで、抑うつ状態などの改善を目的とした支持的療法であり、がん患者に適切な支援である。「Expressive Writing」は、心理療法的介入の１つであり、重大なストレスの記憶を想起して記載するだけで、大きな浄化作用をもつとされ、喘息患者、関節リウマチ患者、糖尿病患者でその効果が検証されている。

　筆者は、国内で大腸がん患者に「Expressive　Writing」を試みた成果報告をふまえ、がん化学療法（抗がん剤治療）を受けている高齢者に「Expressive　Writing」を実施した。ここでは、患者の「ストレスフルな出来事」を記述するグループ（介入群）と、「日常的な出来事」を記述するグループ（統制群）に分け、QOL指標（SF-36）の測定と、NK細胞活性などの生理的指標を測定し、その効果を検証している。具体的には、患者に３日間連続で20分間「出来事」を記述してもらい、２週間後、４カ月後、１年後にQOL指標、NK細胞活性などの測定、生理的指標の変化を比較検討した。フォローアップ時には、面接を行い「書いてみて、その後、どうでしたか」という質問にとどめて、記述内容にはふれず、「書いた（writing）」という行動を常に想起し、語ってもらった。結果、介入群では、QOLおよびNK細胞活性が、介入前と比較して有意に上昇したのに対し、統制群では有意な上昇は見られなかった。つまり、「Expressive　Writing」における「ストレスフルな出来事」の記述は、QOLの維持向上とストレス改善に有効であると示唆されたのである。

　ここで大切なのは、20分間３日間連続して「Expressive Writing」（ストレスフルな出来事）を想起することで、丁寧に記述することではない。箇条書きでも１行程度でも、何も記述しなくともかまわない。フォローアップ時にも「書いてみて（記述してみて）、その後、どうでしたか」と尋ねるが、記述内容でなく、記述するという行動に焦点を当てる。

　記述内容にはふれないのが原則だが、記述された主な内容は、男性では戦争体験、女性では嫁姑問題がほとんどであり、がんという病気になったこと、たとえば、大腸がんで人工肛門造設になったこと、化学療法（抗がん剤治療）などを受けなければならない、というような診断・治療に関することはほとんど見られなかった。

＊Aさん、男性、70歳代後半　直腸がん　人工肛門造設術

「先生からは、このこと（人工肛門造設術）は、聞いていなかった。目が覚めて、まわりが
よくわかるようになってから、これ（人工肛門）が付いていることを知った。ショックだっ
た。病気より、辛いことなんてないと思っていたけれど、（書いてみて）それ以上に辛いこと
があったことを思い出した。戦争に行ったこと、そこで友人を失ったこと、戦後、食べられ
なかったこと…。そんなことを思い出した。そのことを思えば、こうして生きていられるだ
けでも幸せなことだと思った。これ（人工肛門）になっても、生きていられるのだから、戦
地で亡くなった友人の分まで、まだまだ生きなきゃいけないと思った。」

＊Bさん　女性　70歳代前半　直腸がん　人工肛門造設術

「体に穴があいた（人工肛門造設術）。話は聞いていたけれど、これ（人工肛門）はショック
だった。でも、（辛かったことを）書いてみて思い出した。何十年もお姑さんに仕えたこと、
これは、辛かった。何をしてもほめられたことがなかった。本当に辛かった。こうなった
（人工肛門）のもあの人（お姑さん）のせいだ、とも思ったりした。でも、これも（人工肛門の
パウチの張り方）うまくなったと（家族に）ほめられた。病気以上に辛いことがあったし、こ
れ（パウチをうまく張ること）ができたので、旅行にいってもいい、と（医師に）言われた。あ
りがたい。また病気になる（再発）かもしれないけれど、それまでは楽しみたい。辛いこと
は病気じゃなかった、と思い出したことがありがたかった」

わが国で、がん患者への心理社会的介入としてもっとも多く行われている方法は、「患者
の思いを聴く（傾聴する）」、「がん患者同士で語る」など、一対一の「面接法」、あるいは、
「サポートグループ」によるグループ介入である。これらは、患者会（活動内容は各患者会に
より異なる）、「がんサロン」、「がん相談室」（院内設置型、地域開放型）に大別される。がん医
療・診断が進み、治療に関する情報の開示や、患者個人が治療の選択ができる今、これらの
心理社会的介入方法の効果を客観的に測定し、患者に有効であることを検証する必要がある。
つまり、多くの患者に適応できる介入方法であるのか否か、がん患者ひとり一人にその効果
が還元できるのかどうかを客観的に示す（検証する）ことが研究として大切であり、研究結
果を臨床に生かす意味があるのだ。

「Expressive　Writing」は、災害によって重大なストレスを受けた人々についても、応
用が可能と考えられ、話すことのみではなく、「書く」という行動で感情表出することがみ
ずからの感情を整理し、ストレスを軽減する方法となるのではないかと考えられる。

（織井　優貴子）

Chapter 5
社会心理学

1人では決してしないようなことでも、仲間がいると流されてしまうことがある。逆に、集団で行動しているからこそ、他者をあてにして手を抜いてしまうこともある。このように人は日常生活のなかでお互いに影響を与え合っている。人と人との相互関係やダイナミックスを研究するのが、社会心理学である。その領域は大きく分けて5つに分類できる。ここでは主に、集団、対人関係について考える。

表5-1　社会心理学の研究テーマ分類 (坂本・杉山・伊藤編 2010をもとに作成)

個人内過程	人と人の相互作用のあり方のなかでも、とくに個人に焦点をあてる ① 自己・パーソナリティ：自己概念、社会的自己、自己開示 ② 感情・動機 ③ 認知：社会的認知、対人認知、印象形成、ステレオタイプ、帰属 ④ 態度・信念：態度構造、態度変容、説得
対人関係	社会的文脈における対人相互作用や人間関係を研究する ① 対人的相互作用：対人的コミュニケーション ② 協同・競争援助 ③ 対人葛藤・対人ストレス・対人魅力
集団・組織	集団からの影響について研究する ① 集団・集団内過程（相互作用、同調、逸脱、リーダーシップ） ② 社会的勢力 ③ 集団間関係 ④ 組織
集合現象	特定の人や集団からの直接的なものでない、噂や流言などを研究 ① 集合行動：流言、噂、普及、流行 ② コミュニケーション：マスコミュニケーション、ネットワーク ③ 消費・生活意識：消費行動、ライフスタイル、広告やCM ④ 政治的行動・政治参加、世論過程
文化	社会や文化から受ける影響 ① 社会化 ② 文化：異文化適応、宗教、比較文化 ③ 社会問題：高齢化、いじめ、非行、学校内問題、性役割、都市化 ④ 環境

第1節 個人と集団

1. 集団規範

社会心理学において、グループとは「目的や目標が共有されている2人以上の集まり」と定義される。

人が集まり、ある目的をもつ集団が形成されると、ルール（**集団規範**）が生まれる。集団規範は校則などのように明文化されることもあれば、集団内で自然に発生し、暗黙の了解として共有されることもある。

このルールに従うことで各メンバーが集団に受け入れられ、抵抗した者には仲間はずれや無視などの制裁がくわえられる。また、集団規範は集団の目標達成にも関係し、集団内の活動を促進、調整する機能をももつ。

たとえば、職場の人間関係が生産性に影響することを明らかにしたホーソン研究（Mayo 1945）は、メンバー（＝集団成員）のあいだで①働きすぎてはいけない、②仕事を怠けすぎてはいけない、③仲間に害を与えるようなことを監督に言ってはいけない、④職権を鼻にかけてはいけない、などの暗黙のルールが存在し、これらの集団内の規範が作業能率に影響を与えていると説明した（Homans 1961）。一度形成された集団規範は、メンバーの行動の望ましさを評価する基準ともなり、強い強制力を発揮する。

2. 集団凝集性

野球などのスポーツで個々の選手の力が乏しいチームが、指導者の力や選手の団結力で勝利することがある。これは、集団のまとまりや構造化の進行によって、その集団特有の雰囲気が形成され、お互いを助け合い、受け入れる雰囲気が高まるためとされる（**集団凝集性**）。

集団凝集性が高まるほど活動が活発化し、人間関係が安定するとともに、目標達成が容易になる。職場などで新メンバーへ初任者研修等や懇親会が設けられ教育を行うのは、集団のルールや規範の習得を目指すためでもある。

職場は**フォーマル・グループ**（公式集団）であるが、集団内でメンバー同士の交流が活発になると、心理的な結びつきによる仲間のような下位集団が発生

する。このような情緒性の強い集団は**インフォーマル（非公式）・グループ**とよばれ、集団に大きな影響を及ぼす。

　このように集団は2重構造から成立するが、2つのグループの規範は整合し対立することもある。たとえば、職場全体の規則に「みなと仲良く協力する」とあっても、仲間間で「特定の人とは仲良くしない」という規範があれば、メンバーは葛藤状況に置かれながら仲間内の規範を優先しがちになる。非行仲間や反社会的集団などにみてとれるように、これらの集団は結束力が強く、規範や地位構造をもち、危険な遊びや行為に及ぶことで知られる。

3. 役割分化

　集団の目標に沿った活動が始まると、各メンバーはその地位で求められる活動を担い（役割分化）、活動は全体の方向性に向けて統合される。さらに、集団目標達成のための当面の課題目標に向けた役割と、これを維持し、鼓舞するなど対人関係促進のための関係役割がある。

　このため、たとえば企業集団では、①叱咤激励する上司と、受容し慰める上司というように課題と関係役割を分けることで集団活動は促進される。②役割行動は集団から期待されるもので、集団内で一貫した秩序を保つ。③ある一定の役割を担うことがメンバーとしての位置づけを示す。位置づけと役割遂行は集団内のメンバーシップ性を明確にし、集団所属（帰属）感、社会的アイデンティティを維持することにつながる、という特徴がある。

■ 第2節 集団における他者からの影響

1. 社会的促進・社会的抑圧

　オルポート（Allport 1937）は、課題を行う時に、他者が存在することで、個人の課題遂行が促進される（**社会的促進**）ことを見出した。

　しかし、後の研究では、他者の目が促進効果をもたらすだけでなく、抑制効果（**社会的抑制**）を生じさせることもあると指摘されている。一般には、十分に慣れ親しんだ課題を行う時は社会的促進が、課題が困難な時や学習が不十分な

場合には社会的抑圧が生じやすい。

2．社会的手抜き

　授業などのグループ学習では「誰かがやってくれるだろう」などと考えて、メンバー1人あたりの作業量が単独で行う場合と比較して低下することがある。複数のメンバーで1つの作業や課題を行うと、意図せずに他者をあてにして手を抜く現象、すなわち、**社会的手抜き**（リンゲルマン効果）が生じやすい。

　リンゲルマン（Ringelmann 1913）は、「1人で綱引きをする」「複数人で綱引きをする」2つのケースの実験から1人が綱を引く力を比較し、人数が増えるほど、1人あたりの力が弱まることを見出している。

　ラタネら（Latane 1974）は、男子学生らに大声で叫ぶ、拍手するなどの課題を2、4、6名という条件下で行わせ、音の大きさを騒音計で測定した（図5-1）。結果、集団のメンバー増加に伴い、大声、拍手ともに個人が出す音の大きさが明らかに減少した。

　これは、1人作業であれば個人の成果として努力を惜しまないが、集団での作業は責任が平等に分散される（責任拡散）こと、作業を他のメンバーに任せ

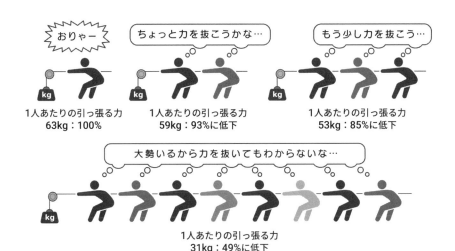

リンゲルマンによる綱引き実験

て自分はできるだけ最小の努力で、その利益を得ようとするただ乗り（フリーライダー）効果、そのただ乗りを嫌うことで努力を放棄する（サッカー効果）ためと考えた。

社会的手抜きを避けるには、メンバー各自の成績・努力・貢献度の評価、確認、責任や役割の明確化、所属する集団の魅力の向上、興味をもちやすい課題を提示し、各自が作業に取り組みやすくさせるなどの工夫が求められる。

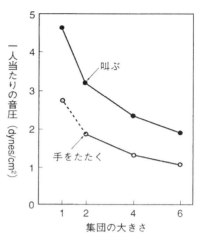

図5-1 社会的手抜きの実験（Latane 1974）

【トピックス：映画「アイヒマンの後継者　ミルグラム博士の恐るべき告発」2014】

アイヒマンはドイツのナチス政権に関与し、数百万の人々を強制収容所へ移送する指揮的役割を果たしたことで知られる。戦後、絞首刑にされた彼は、「命令に従っただけ」と罪を認めず、一貫して無実を主張した。その姿はごく平凡な役人にしか見えなかったという。この歴史的事実に興味をもったミルグラムは、個人の権威者の命令に従い、殺人などの重大な結果をもたらすことをシミュレーションした「アイヒマン実験（通称）」を試みた。

新聞広告で集められた被験者はまず、「学習における罰の効果を測定する」という実験の説明を受け、先に報酬を受け取った。次に、くじ引きで教師役（罰を与える役）と生徒役（罰を受ける役）とに分けられた。ところが、実際には全被験者が教師役になるように仕組まれていた。

教師となった被験者は、生徒が課題に失敗した場合、電気ショックを与えるよう指示され、生徒役が受ける罰の痛みを知るために45ボルトの電気ショックを体験した。教師役は、電気ショックの痛みを知っているため、生徒役が苦痛を訴える声を聞けば、痛みや恐怖に共感できるはずである。これにくわえ、教師役は生徒役が問題を間違えるたびに、15ボルトずつ電圧を強めて罰を与えることが役割とされた。

実験が始まると、罰の電気ショックの上昇で、教師役は生徒役からの苦痛・恐怖の大きなうめき声を耳にするようになる（実際には、生徒役はサクラで、電流は流れず、反応は

演技だった)。電気ショックの電圧調整つまみは、200ボルトの部分に「非常に強い」、375ボルトの部分に「危険」などと表示があり、教師役がどの程度危険なショックを与えているのかもわかるようになっていた。

　ミルグラムは権威者から命令されても、教師役の被験者は、①自分の同情・不安・判断で電気ショックの罰をやめる、②生徒役の苦痛の訴えや中止の願いを受け入れる、と予測していた。ところが、教師役の半数は、「権威者(=ミルグラム)の命令に従う行動を選択」をしたのである。

　もちろん、中止しようとした者もいたが、その時には白衣を着た権威のあるように見える人物が現れて、「実験を続行してください」、「(責任はわれわれが負いますので)迷わずにあなたは続けるべきだ」などと伝えて教師役に継続を促した。この声かけで、電気ショックをやめようとした教師役も、実験を続けた。

　ミルグラムは実験から、自分の自己判断(善悪観)ではできないような残酷で恐ろしい行為でも、権威者からの命令・集団内での役割があれば服従する可能性が高いと結論づけた。あわせて、基本的な道徳心をも覆す「状況」が、人の行動に影響を与えるとし、「命令に従っただけ」と主張したアイヒマンの心理状態を説明した。

3. 同　　調

　個人が集団のなかにいることで自分の判断や行動が集団の方へ動かされることを**同調**という。**アッシュ**(Asch 1955)は、2枚のカードを同時に提示し、1枚目の基準カードの線と同じ長さの線を、2枚目の比較カードに示された3つの線のなかから選ばせることをくり返す実験を行った(図5-2)。その結果、被験者1人だけで回答させた場合の正解率95%は、5人のサクラが誤答するの

を聞いた後で65％に低下した。つまり、1人では正答できていたにもかかわらず、およそ3人に1人が周囲のサクラの間違った答に同調し、自分の答を変えていたことになる。このように、

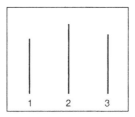

図5-2　アッシュの同調実験 (Asch 1955)

集団全体が誤りをおかしている場合、多数者の判断に抵抗して自分の意見を貫くことは非常に難しい。

ドイチェら (Deutsth & Gerard 1955) は同調の要因を、集団の他のメンバーの意見や行動を拠り所に適切な判断をしたいという時に生じる**規範的影響**と、正しい判断をするために他者から得た情報をその根拠とすることで起こる**情報的影響**から説明した。

前者は、メンバーからの排除を恐れて、承認され、期待に沿いたい、仲間はずれにされたくない等と考えるものである。たとえば、グループ学習の作業が終了しているにもかかわらず、誰も帰らないため、その場にとどまる、などが該当する。後者は、自分の判断に自信がもてないため、その情報を提供してくる相手を信頼することで、他者から得た情報をもとに判断するものである。「みんなが良いと言っているから買った」などがその例だろう。

4．集団極性化

なんらかの意思決定を行う場合、1人で判断する場合と、集団の全メンバーとの話し合いで決定する場合とでは、その内容に違いが生じることがある。集団議論の意思決定の方が、より極端な方向に流れやすい (Waiiach 1964)。これを**集団極性化**という。

とくに危険でより冒険的な方向へ移行することをリスキーシフト、安全で消極的な方向へ移行することをコーシャスシフトとよぶ。つまり、集団討議での集団の反応の平均は、討議前に個々人によってなされた判断の平均よりも、同一の方向、より極端なものになりやすい。

この傾向は、自分の意見や態度が集団内の討論によって支持され、評価されることで当初の意見や態度が強化されること、現実的な決定よりメンバー間の意見の一致を優先させることが原因とされる。このため、集団いじめ、一般にみられる反社会的行動など集団極性化は集団としてのまとまりが強く、閉鎖的な集団に生じやすい傾向にある。

■ 第3節 リーダーシップ

　集団にはメンバーがおり、さまざまな地位や役割が存在する。そのなかでも他のメンバーと比較して影響力が強く、中心的な働きをする個人をリーダーと呼ぶ。これに対し、リーダーの後についていく者をフォロワーと呼ぶ。つまり、リーダーは、フォロワーの存在があるからこそリーダーになるのである。

1. 特　性　論

　初期の研究ではどのような人がリーダーになるのかという特性論が論じられ、各界でリーダーとなった人物の特性から、彼らのリーダーとしての資質を明らかにすることが目指された。これは活動する領域にかかわらず、リーダーの資質は一貫した普遍的な特性を備えているとみなす立場である。一方で、リーダーは時代や文化を反映して決定されるとする視点もある。いずれにせよ、リーダーとパーソナリティについては多くの研究がなされてきたが、一貫する結果は示されていない。

　ジャッジら（Judge et al. 2002）は、Big Five（→第6章参照）の5つの代表的パーソナリティ特性と学生やビジネス界、官庁・軍隊など73のサンプルからリーダーシップとの関係を検討し、いずれの集団においても外向性が高く、学生では誠実性が、ビジネス界では知性、官庁・軍隊では情緒安定性が高いことを明らかにした。どの集団とも一貫した特性はなく、集団の置かれた状況でリーダーの影響は異なるのが特性論（第6章）の限界ともいえる。

第3節　リーダーシップ　77

2．リーダーシップと機能

リーダーの集団における機能の1つに、集団の目的を明確にし、方向づけとその具体化、メンバーの能力・技能に応じて分化させ、活動を促進・鼓舞する「課題リーダーシップ」がある。もう1つが、集団内の対人関係、対人間の摩擦や葛藤をなくし、社会情緒的な満足感をもたせて、他のメンバーの働く意欲を高め、ひとり一人の悩みなどに配慮する「関係リーダーシップ」である。この考え方は、集団の機能からリーダーシップを目標達成機能（performance）と集団維持機能（maintenance）の2つの側面から説明する**PM理論**（Cartwright & Zander 1960）にも受け継がれた。

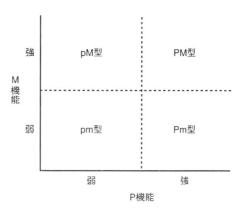

図5-3　リーダーシップ行動の4種類（三隅 1984）

P機能は目標達成のための計画を立て、メンバーに指示を与える行動、M機能はメンバーの立場を理解し、集団のなかに友好的な雰囲気を生み出す行動を指す。特定のリーダーの行動はPかM、いずれの行動が著しく認められるかによって4つに類型化され、集団の生産性やメンバーの満足度はPM型がもっとも高い。

三隅ら（1966）は、1965～69年まで炭坑、銀行、製鉄などの各種企業の監督者とその職場における生産性、そこでどのような形のリーダーシップが認められるかを調査し、PM型のリーダーがとくに生産的で、そのリーダーシップには、必ずしもPM型のリーダーが必要なのではなく、P型、M型の2名のリーダーでも実現することができると考えた。

第4節　他者理解と対人関係

人は社会という集団のなかで、快適な生活を送るため、良い人間関係を築く

ための努力をしている。写真や評判から人柄を推測し、表情や声、容貌や服装などの外見的特徴から、相手の感情や能力、パーソナリティや対人関係など内面的な特徴をも察知しようとする。これらは他者とどのように関わるのが望ましいのかの対人関係におけるデータとなるためである。このような他者に対する印象の形成を**対人認知**とよぶ。

1．パーソナリティの理解

　他者をひと目見ただけで、穏やかそうだから優しい人だと感じる、話しかけられそうな雰囲気がないから怖そうな人だと思う、などのように、相手の特定の特徴は特定のパーソナリティと結びつけて考えられやすい。

　他者のパーソナリティや、性・人種・職業に関したステレオタイプ、さらには「内向的な人は神経質である」など属性間の相互関連について漠然とした形で抱いている考え方や信念の体系を**暗黙のパーソナリティ理論**（Bruner & Tagiuri 1954）とよぶ。また、**アッシュ**（Asch 1964）は、未知の他者に関する情報を得た場合、「あたたかい」「冷たい」という言葉のようにパーソナリティ認知に大きく影響する情報を中心特性という言葉で説明した。

2．対人関係の発達段階

　人間関係の親密度（図5-4）は、⓪相互に未知・無関係な状態、①相互作用がまったく存在しない相手を一方的に知る段階、②地理的、物理的に近いという近接性の顔見知り段階、③相互的接触段階の4レベルに分けられる（Levinger 1983）。

　より親密になるためには、①2人のあいだの共通点や類似点、パートナー同士の場合では身体的魅力などが大きな要素となる。この段階での会話は2者間に共通する趣味やスポーツ、友人などに関するものが中心になる。その後、接触が継続すると、心を許せる友人や仲間ができてくる。②中相互作用レベル（友人段階）に達すると、自分の心を開き（自己開示）、より深く親密になる。自己開示が深化し相互依存関係になると親友や恋人の高相互作用段階に達する。③ここでは心理的一体感があり、相互の立場を理解し、個人的問題にも深く関

第4節　他者理解と対人関係　79

わるような共感性がさらに2者間の関係を深める。

　出会いから親しい人間関係が形成されるまで、関係の深まるプロセスにはいくつかの要因が見出されている。

（1）外見的魅力

　相手に対する情報が不十分な場合、容姿や外見的特徴が判断の手がかりになりやすい。さらに、そこに「美しい人は幸福だ」という**ステレオタイプ**（＝多くの人に浸透している固定観念や思い込み）が働き、外見の魅力の高さがその人物の他の属性判断にまで影響することがある。

発展段階	親密度	2人関係の図解（Pは自分，Oは相手）
0	相互未知段階 （接触度0）	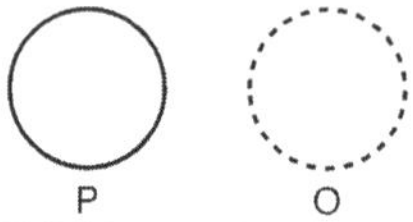 P　　　　　O
1	一方的認知段階	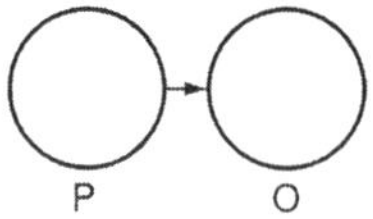 P　　　　　O
2	表面的接触段階 （顔見知り）	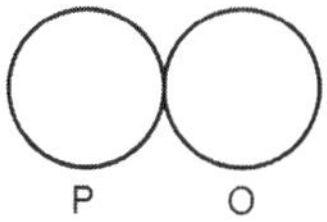 P　　　O
3	相互的接触段階 ① 低相互作用 （知り合い）	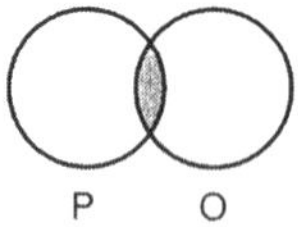 P　　O
	② 中相互作用 （友人）	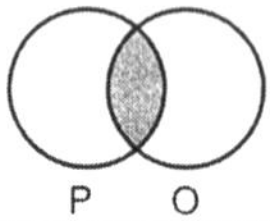 P　O
	③ 高相互作用 （親友，恋人）	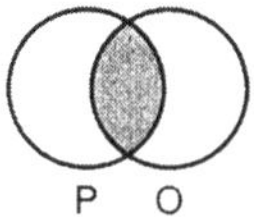 P O

図5-4　人間関係の親密度の発展段階（Levinger 1983）

80　　第5章　社会心理学

ウォルスターら（Walster et al. 1966）は、大学新入生男女を被験者とし、容姿の客観的魅力がランダムに組み合わされるようペアにして、ダンスパーティを開催した。その結果、相手の性格特徴や自分の魅力度の水準とは無関係に、相手の容姿の魅力度が高いほど相手に対する好意の高さやデートを申し込む割合が高かった。

一方で、結婚相手などの選択時には、相手からの拒絶を避けるため、自分と同程度の外見的魅力をもつ相手に魅力を感じる、釣り合い仮説（Murstein 1972）もある。つまり、相手の属性だけでなく、相手と自分との関係性で対等な交換がなされるように魅力は規定される。

（2）態度の類似性

性格、人種、宗教、政治への態度など、類似する態度をもつ他者ほど円滑な相互作用が可能である。これは、他者の行動の予想や理解が容易になること、類似した他者との比較から、自分の考えや行動の妥当性を判断できるためと考えられている。

ニューカム（Newcomb 1961）は、大学寮で、大学生の交友関係の成立過程を調査し、入学時でこそ物理的に近い者と親密になるが、時間の経過とともに態度の類似した者同士がより親密になると明らかにした。また、バーンら（Byrne & Nelson 1965）は、自分と相手の態度の類似性が高くなるほど、相手にいっそうの魅力を感じると説明している。

（3）相　補　性

ウィンチ（Winchi 1958）は、25組の夫婦に面接調査を行い、養育―受容、支配―服従の次元で欲求の相補性を見出した。つまり、世話好きな人と他人を頼りにする人、支配的な人とそれに従う人同士は、お互いの欲求を相補的に満たしてくれる相手となり、魅力を感じやすい。関係の初期は相手との態度や価値観の類似性が重要だが、親密度が増すにつれて、類似性にくわえて課題解決に向けて役割分担ができる相補性が重要さを増していく。

（4）好意の返報性

好意の返報性（Berscheid & Walster 1966）とは、自分に好意的な相手を好むことや、自分をほめてくれる人を好きになる傾向についてをいう。社会的生活の

なかで私たちは、常に他者から好かれたい、よく思われたいという欲求を抱いている。人からの好意的評価は大きな喜びであり、報酬でもある。しかし、これには個人差があり、自己評価（自尊心）の低い人には、人からの好意的な評価がその人への好意に結びつかない場合もある。

（5）単純接触効果・近接性

関係の初期には、相手と接触する回数が多いほど、相手への好意が増す（単純接触効果）。また、ザイアンス（Zajonc 1968）は接触回数によって対人魅力が高まるとも考えた。くり返し会う人には、話したことがなくても親近感がわき、魅力を感じるようになる。近接性、つまり近くにいる（空間的にコストがかからず会いやすい）人ほど親しくなりやすい。

フェスティンガーら（Festinger 1950）は、ある大学の既婚学生用団地において友人選択の傾向を調査した結果、住宅間の距離が友人選択の重要な決定因であることを見出した。同様の傾向は友人選択だけでなく配偶者選択でも、また住居だけでなく教室での座席の位置、職場での担当部署の位置などでも確認された。

第5節　説得的コミュニケーション

説得的コミュニケーションとは、相手の行動や意見を特定の方向に変化させることを目指した手法である。医療や教育、ビジネスなどのさまざまな場面で用いられている。

たとえば、どれほど注意しても喫煙をやめない人がいたとする。医師、看護師などの心身の専門家が喫煙とその弊害を説明すると、説得の効果が高く、喫煙への態度変容が生じやすい（＝**説得者の信憑性**）。TVの歯磨き粉や歯ブラシのCMで歯科医が多く登場するのも、この効果を狙ったものである。

また、「たばこは体に悪いからやめなさ

い！」でなく、「たばこはストレス解消にいいようだし、カッコいいと言う人もいるが、肺や他の病気の引き金になることが多いよ」など良い面・悪い面の同時提示（＝両面提示）は、悪い点だけの提示より説得効果を高める。

恐怖喚起アピールは、たばこが原因で黒くなった肺の実際の写真を見せながら「たばこは肺がんになりやすい」「たばこを吸い続けるとこのような肺にな

【トピックス：「影響力の武器」】チャルディーニは、著書「影響力の武器（1991）」において、説得するための効果的な6要因として、以下のものをあげた。

①返報性：相手から先に何かをされると、お返ししたくなる（例：スーパーである食品を試食し、美味しいからでなく、無料で試させてもらったことを理由に購入する）

　＊譲歩的要請法：目的とする要請をする前に、それよりも大きい要請をして意図的に相手に拒絶させた直後、小さな要請に譲歩したようにみせて、目的の要請を受け入れさせる方法（例：断られることを前提に「クラブの部長になってください」とお願いし、相手が断ってきた後「副部長ならどうでしょうか」）とあらためてお願いする

②一貫性：一度引き受けると次の要求も受けやすくなる（例：「投票日に投票に行きますか？」と質問して、「行く」と答えた人は、そのアンケートを受けなかった場合よりも、投票する確率が上がる）

　＊段階的要請法：同じ種類の小さな要請を相手に受け入れさせた後で、同じ種類のより大きな要請を段階的に受け入れさせていく方法（例：家を訪ねてきた新聞配達の人の「無料にしますから試しに1ヵ月だけ購読して下さい」と言われて契約した。1ヵ月後も解約が面倒でだらだらと継続している）

　＊承諾先取り要請法：相手が受け入れられるような甘い条件の要請をして承諾させた直後に、要請内容の条件を厳しくする方法（例：格安のツアーを予約したが、その後で食事がついていないことがわかった）

③社会的証明：まわりがそれを受容していれば応じやすい（例：みんなが良いと言っているからその商品は良いに違いない）

④好意：親しい人の要求は断りにくい（例：仲の良い、お気に入りの店員からたくさんの商品を買ってしまう）

⑤権威：正当な権威者の要求は断りにくい（例：社長に言われたからやらなくてはならない）

⑥希少性：その対象が少ないものであれば応じやすい（例：この商品は限定品ですよと言われると買いたくなってしまう）

第5節　説得的コミュニケーション

ってしまう」など、説得される者の恐怖感情や危険認識を高め、態度変容を促す方法である。説得される側が、その恐怖事態が自分に降りかかる危険性がどのくらいあるか、その回避方法で確実に危険を回避できるのかを信じる度合いで効果が変化する。また、恐怖喚起が強すぎると、説得者に対する反発やそのメッセージ自体に対する拒絶などで、説得の効果が減じてしまうことも確かめられている。

　一方、多様なアプローチで説得されても、説得される者が態度を変えない場合もある（**心理的リアクタンス**）。人は自分の意見や態度を自由に決定したいという動機をもち、これが脅かされた時、自由の回復をすべく動機づけられている。人が説得を受け、態度を変えるよう圧力をかけられると、それがたとえプラスになる提案であっても、受け手は自由が侵されたと感じ、提示された態度をとらないことで自由を回復しようと考える。

　人は1人で行動しているだけでなく、さまざまな集団や状況下で行動している。社会心理学の知見は、人が他者からどのような影響を受けるのかを教えてくれるだろう。

（青木　智子）

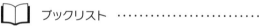　ブックリスト

西川正之　2001　対人行動の心理学——人と人との間のこころと行動　北大路書房
針原直樹　2013　人はなぜ集団になると怠けるのか——「社会的手抜き」の心理学　中央公論新社
大坊邦夫・谷口春富編　2013　現代社会と応用心理学2　クローズアップ恋愛　福村出版

CASE 5...

「心に寄り添う」ためのコミュニケーション

　入試の面接において「患者さんの体だけでなく、心にも寄り添える理学療法士になりたいです」は、何か受験対策のマニュアルにでも書いてあるのではないかと思うくらい、よく聞かれるフレーズである。しかし、入学後の学生らの授業態度には「いまだ見ぬ患者さんの心に寄り添う前に、目の前の講義している教員の心に寄り添えないもんですかねぇ…」と言いたくなることもしばしばだ。

　「心に寄り添う」はとても素敵な気持ちであり、そうなってほしいと心から願っている。ところが、教員が教室に入り、話し始めてから、学生らは筆記用具を取り出し、ルーズリーフをガサガサと取り出す…この時点でかなり教員の心は萎えている。

　そこの学生さん、「心にも寄り添える」ようになりたいんじゃなかったですか？

　実技試験でも、学生らは、模擬患者に挨拶したあと、「今日の体調はいかがですか？」「朝ご飯食べましたか？」「昨夜よく眠れましたか？」と順番に声をかけていく。「痛かったら言ってください」に続いて、実技が始まる。ここまでのやりとりで模擬患者がどう返答したかは気にしない。実技はどんどん進む。試験であるため、実技をうまくやることで頭がいっぱいなのはわかる。だが、実技は課題のみならず、模擬患者の表情や反応の確認が求められる。つまり、模擬患者と会話はしているが、コミュニケーションは成立していない。

　コミュニケーションが不成立のまま、「心に寄り添える」はずもない。これは4年生が就職活動する頃になっても変わらない。面接練習をすると「いかに自分の言いたいことを上手に言えるか」でいっぱいいっぱいで、面接官側が何を聞きたいか、どのような返答を期待しているかを知ろうとしない。これもまた、コミュニケーション不成立である。こうして、どんどん「心に寄り添える」は遠のいていく。

　一方、時代の変化とともにコミュニケーションの形態も変わり、今日では、家族の会話ですらLINEやDMで済ませるほどである。しかし、このように対面・口頭でのやりとり経験に乏しいまま、患者さんなどと直接的なコミュニケーションをとることは難しい。だからこそ、直接的なコミュニケーションの場を大切にし、コミュニケーションについて学び、経験不足を補うことが必要だろう。そして、その蓄えた知をリアルに経験し、気づきを経ていく。いうまでもなく、蓄えた知は多ければ多いほど良い。学生のうちの恥はかき捨てられるが、社会人になってからはそうはいかない。

　今こそ、あなたが目指す「心に寄り添える」専門職になるために、コミュニケーションに関して多くのことを学ぶべき時だと思う。

（岩﨑　裕子）

Chapter 6
人格・性格・アセスメント

> 性格をいくつかの類型に分類する考え方は、古代ギリシャ時代にまで遡る。エンペドクレスは宇宙の根源である空気、土、火、水からの分類を考え、ヒポクラテスは血液、黒胆汁、黄胆汁、粘液質の4分類にみる体液心理学の研究をした。この章では、精神医学、精神分析などの研究で得られた性格や、個人を知るためのアセスメントについて考える。

第1節 性格理論

1. 類型論・特性論・性格の5因子論（Big Five）

　類型論とは、性格をいくつかの類型（カテゴリー）に分け、ある人がどの類型に属するのかを考える枠組みである。非科学的ではあるが、血液型や星座などの性格診断は類型論と考えることができる。これに対し、個人の性格はさまざまな特性による組み合わせと考えるのが特性論である。

①類型論：ドイツの精神科医**クレッチマー**（Kretschmer）は、当時の精神医学

表6-1　クレッチマーの類型

体型	気質	気質の特徴		
		基本的特徴	軽躁性	抑うつ性
肥満型	躁うつ気質	社交的 親切 友情に厚い 温かみがある	明朗、活発 ユーモアがある 激しやすい	静か 落ち着いている 丁重、柔和
		基本的特徴	敏感性	鈍感性
細長型	分裂気質	非社交的 静か、用心深い きまじめ 変わっている	敏感、臆病 恥ずかしがり屋 神経質、興奮しやすい 自然に書籍に親しむ	鈍感、従順 お人好し 温和、無関心
		基本的特徴	粘着性	爆発性
闘士型	粘着気質	堅い 几帳面 物事に熱中する 秩序を好む	丁寧すぎるほど丁寧 いんぎん まわりくどい	興奮すると夢中になる 激しやすい

表6-2 Big Five に基づく5因子

神経症傾向	環境刺激やストレッサーに対する敏感さ、不安や緊張の強さ
外向性	社交性や活動性、積極性
経験への開放性	知的好奇心の強さ、想像力、新しいものへの親和性
協調性	利他性や共感性、優しさなど
誠実性	自己統制力や達成への意志、真面目さ、責任感の強さ

の最大の課題、3大精神病と気質や体質の関連に注目した。身体の各部位を顔の大きさ、長さ、狭さ、骨の太さ、皮膚の厚さ、かたさなど200以上の項目について客観的に測定し、これをもとに細長型、肥満型、闘士型などの**類型論**を生み出した。また、クレッチマーは天才の研究をしたことでも知られ、躁うつ気質の天才としてゲーテ、分裂気質にライプニッツ、粘着気質にヘーゲルをあげた。

②特性論：ひとり1人の具体的な行動や、「好奇心が強い」「劣等感が強い」など性格を形成する細かい要素を明らかにし、この要素を統計的手法で分析することで性格を理解する。キャッテル、アイゼンクの研究が知られる。

③5因子論：ゴールドバーグ（Goldberg 1992）は、性格表現用語を収集し、分析することで、人の性格特性を5つに分類する5因子論・Big Fiveを開発した。以後、世界各国の研究者によってその理論が検証され、今日では5因子に基づいた性格理論がスタンダードになっている。

2．フロイト：（精神分析的アプローチ）性的発達論に基づく類型化

精神分析の創始者である**フロイト**（Freud）の理論に性的（＝生）エネルギー、**リビドーの発達**理論がある。フロイトは意識と無意識の発見者であり、無意識を、**イド**（リビドーという人の行動や発達の原動力・欲求の源になるエネルギー）、**自我**（イドの欲求をどう満足させるのか

・イド：リビドーという人の行動や発達の言動力になるエネルギーがある。（快感原則）
・自我：イドの欲求をどう満足させるのか検討する。（現実原則）
・超自我：良心や道徳的基準。イドの衝動を抑制し、自我の理想追求、道徳性を重視する。常に自我を監視する。

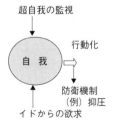

図6-1 フロイトの性格理論（精神分析的アプローチ）

検討する）、**超自我**（良心や道徳的基準。イドの衝動を抑制し、自我の理想追求、道徳性の重視を監視する）の３機能から成り立つと考えた（第10章参照）。

　リビドーは精神発達に関係し、欲求や愛情の対象との関係のもち方、欲求の解消の方法は発達段階に応じて高次化する。しかし、口唇期、肛門期、男根期、潜伏期、性器期のいずれかの段階でその発達が滞ると性格形成に影響を及ぼすとされる。この考え方は、後に文化的・社会的なものを考慮して発達段階（ライフサイクル）と発達課題を示した**エリクソン**に引き継がれた。

３．ユング：（分析心理学的アプローチ）外向性と内向性

　分析心理学者**ユング**（Jung 1913）は精神分析を学ぶうちに、フロイトの「無意識」を個人の意識が抑圧された「ごみ捨て場」のようなものと考えるようになった。そして、これらを個人的無意識とし、それとは別に人間の無意識の奥底には人類共通の「人類の歴史が眠る宝庫」が存在すると考え、これを**集合的無意識**（＝普遍的無意識）とよんだ。たとえば異なる地域の神話や宗教理論に類似した内容が見られるのは普遍的無意識から自然発生的に生じたためと説明した。また、この共通するイメージを想起させる力動を「**元型**」と名づけた。

　著書「心理学的類型」では、人間には興味関心が外の出来事や自分の周囲の人に向かいやすい人（**外向型**）と、反対に心の内に向かいやすい人（**内向型**）がいるとして、関心の方向による２つの性格の型（基本的態度）があると説明する。外向型の人は社交的で好奇心が強く感情表現が率直で、あっさりして陽気である。しかし、物事の受け止め方や考え方は表面的で、障害があった時には挫折しやすい。内向型の人は、気軽に人と付き合うことを嫌い、気分の変化も少ない。外の出来事よりも自分の好みや嗜好を優先するが、独創的な考えをもち、創造力に富むとされる。

　さらに、ユングは基本的態度のほかに心理機能として思考―感情、感覚―直観の４つをあげた。例として、ガラスのコップを見た時、手法や制作方法に着目する（思考）、好き嫌い（感情）、形やデザインに注目する（感覚）、用途以外の予想外のことを思いつく（直観）というように、最初に何を感じるかは人それぞれである。

思考—感情において思考の優位な人（優越機能）は、感情が未発達（劣勢機能）とみなす。内向・外向（**心理的態度**）にくわえ、これらの心理機能から計8つの性格類型を示した。この考え方は心理アセスメントMBTIの基礎ともされている。

■ 第2節 ｜ 環境か遺伝か

　性格が遺伝によるものか環境かによるものかは古くから議論されてきた。ゴールトン（Galton 1869）はバッハやダーウィンの家系を調査し、才能や能力は遺伝的に決まると考えた（**生得説**）。

　一方、環境要因を重視するワトソン（1913）は、「自分に子どもを預けてくれるならばどんな職業にでもしてみせる」とも言い、発達に影響を及ぼす遺伝的要因はわずかで、多くの部分は生後の発達と学習である（**経験説**）とした。これらの研究をふまえ、遺伝的・環境的要因の双方がお互いに影響せず、独立的に関与するという考え方を**輻輳説**（Stern 1928）という。

　さらに、ゲゼル（Gesell 1929）は、一卵性双子児の実験から、ある学習ができるようになるためには、その経験を受け入れる子どもが心身ともに課題に見合った成熟を遂げていなければならない（**レディネス**）とする**成熟優位説**を提唱した。つまり、レディネス形成前に教育を行っても優れた成果は出ないという考え方である。

パーソナリティ障害

　誰でもパーソナリティ・性格の偏りはあるが、その偏りのために二次障害が出現するなど、日常生活に支障が生じることではじめて「障害」と判断される。

　人が生まれもっている性質（生物学的素因）と環境により形成され、思春期以降にしだいに明らかになってくる人格の傾向のうち、本人あるいは周囲がその人格傾向のために社会生活上の著しい困難をきたしてしまう病態を**パーソナリティ障害**とよぶ。

　「性格が悪い」、「回復が難しい」など、「パーソナリティ」そのものの障害と

【トピックス：疾病の精神医学的分類ICDとDSM】ICD（疾病および関連保健問題の国際統計分類：International Statistical Classification of Diseases and Related Health Problems）は、世界保健機関（WHO）が作成している。その主な目的は、病因・死因を分類し、統計データを体系的に記録し、分析することにある。ICDでは、身体疾患から精神障害まで網羅的な分類を設定し、「ICDコード」がつけられる。

ICDコードは、日本においても障害年金や障害者手帳の申請に必要な診断書への記入、医療機関での診療記録の管理等に使用される。

2018年には最新版ICD-11が公表、2022年に発表された。しかし、国内適用に向けた日本語版は検証、翻訳作業が進行中であり、未だ適用に至っていない（2025年現在）。

DSM（精神疾患の診断と統計の手引き：Diagnostic and Statistical Manual of Mental Disorders）は、精神科領域に限定された診断分類基準として、アメリカ精神医学会が作成し、DSM-5（2013：2023日本版）が最新版である。

誤解されがちだが、「パーソナリティ機能の減損（DSM-5）」であり、基本的特徴として、認知・行動特性の著しい偏りがある。

この障害は文化・社会環境に依存し、同じ状態でも置かれた環境で判断が異なる場合も少なくない。そのため相互依存的な文化習慣が強い日本では依存性パーソナリティ障害を障害としてとらえないことが多く、周囲から見てパーソナリティ障害であるか否かの見極めは難しく、理解されにくい。

【トピックス：パーソナリティ障害】A子は、高校までは多くの友人をもち、成績もよく活動的な学生だった。ところが、大学入学後、交際相手との関係で自殺未遂をくり返し、「こうなったのはお前のせいだ！」と母親に暴言を吐くなど、交際相手だけでなく周囲の人々を巻き込んでのトラブルが目立つようになる。

大学4年で突然退学すると、就職したが、職場でも人間関係のトラブルから自傷行為をくり返し、半年で退社してしまった。同時に、うつ症状を訴えてみずから精神科を受診したものの、「先生が気にいらない」「私の話を聞いてくれない」など、1年で4回も病院を変えている。いずれも医師とのトラブルが原因だった。

4回目に受診した病院で、A子は境界性パーソナリティ障害の診断を受け、医師の勧めで心理カウンセリングを受けることになった。担当心理士はA子より年上の女性で、A子の言葉によく耳を傾け、共感的に関わってくれた。A子が予約外に訪れた時も、時

間を割いて面会し、電話にも応じてくれた。A子は周囲の人が自分を理解してくれない
と訴え、心理士だけが私をわかってくれると涙ながらに話し、全面的な信頼を寄せてい
た。

　しだいにA子は、心理士に日に何度も電話をしてきたり、夜間に会いたいと訴えるよ
うになった。業務に差し障ること、基本的にカウンセリングでは、相談室以外でのかかわ
りをもてないことを伝え、「これ以上、カウンセリング以外の時間にはお話できませ
ん」と心理士が伝えると、A子はしばらく沈黙したあとで「そうやってあんたは私を平
気で傷つけるんだ。この大うそつき！死んだらあんたのせいだからね」と、態度を一変
させ、激しく罵り電話を切った。心理士は慌ててA子に電話をしたが、電話は通じない
まま、その日の深夜にA子が救急搬送されたことを交際相手からの連絡で知った。A子
は自室で大量服薬とリストカットをしているのを発見されたのだ。

　交際相手は「A子と別れたいのですが、彼女の感情の浮き沈みが激しく『別れたら死
んでやる！』というんです」「これまでも別れ話をした時には何度も自傷行為をくり返
しています」と心理士に電話口で語り、「このまま彼女のそばにいるしかないんでしょ
うか……」と呟き、大きなため息をついた。

表6-3　パーソナリティ障害の障害分類（髙橋・大野監訳 2014を一部改変）

A群：奇妙で風変わりにみえる
①　妄想性（猜疑性）パーソナリティ障害：他人を悪意あるものとして解釈する、不信や疑い深さを特徴とする。他者と信頼関係を築くことが難しい。
②　統合失調質（シゾイド）パーソナリティ障害：人と親密になりたいと思わず1人でいることを好む。非社交的で、対人関係場面での感情表現が乏しい。
③　統合失調型パーソナリティ障害：親密な関係で急に不快になるなど、風変わりな知覚や言動。
B群：演技的で情緒的にみえる
①　反社会性パーソナリティ障害：他者の権利を無視して侵害する。反社会的で衝動的・無責任な行動をくり返す。
②　境界性パーソナリティ障害：対人関係、自己像や感情が不安定。見捨てられることに敏感。
③　演技性パーソナリティ障害：感情の激しさ、他者の注意を引こうとする外見や演技的行動。
④　自己愛性パーソナリティ障害：傲慢、尊大な態度、賛美されたい欲求、共感性の欠如。
C群：不安または恐怖を感じる
①　回避性パーソナリティ障害：自己についての不全感が強く、否定的評価を極端に恐れるため、他者とのかかわりを回避する。
②　依存性パーソナリティ障害：他者に依存したいという過度の欲求と、従属的でしがみつく行動が目立つ。
③　強迫性パーソナリティ障害：柔軟性や開放性、効率性を犠牲にしてでも、一定の秩序を保つことに固着する行動が目立つ。

第2節　環境か遺伝か

第3節　心　の　病

　精神病は内因性、外因性の２つに区分され、**内因性精神病**は、**統合失調症**、**躁うつ病**（気分障害）が該当し、２大精神病とされる。いずれも脳内の神経伝達物質の代謝異常が原因の１つと考えられている。

1．統合失調症

　1890年に**クレペリン**が早発性痴呆とよんだものを、**ブロイラー**（1911）が精神分裂症の名に置き換えた（精神分裂病という訳語は人格が破壊し、精神全体が分裂しているような印象を与え、差別や偏見を助長するとする理由から、日本では2002年に統合失調症と名称変更された）。思春期から成人期に発症しやすく、有病率は男女比同等、１％程度とされる。

　思考・感情・行動を統合する能力が低下し、そのプロセスで幻覚や妄想、著しくまとまりを欠いた行動がみられる特徴をもつ。自発性や対人接触が低下するため、社会生活に困難さを抱くことが多い。

　幻聴は、実際には存在しないものが見える、聞こえる、臭うなどを特徴とし、自分に対する悪口や噂だけでなく、テレパシーや電波という形で本人に話しかけてきているように感じられ、その声と会話することもある。

　また、まわりで説得しても認識や行動の修正が難しく、周囲の出来事に意味づけをする関係妄想、「命を狙われている」など自分の地位・生命・財産が脅かされる被害妄想、心身の状況について病的に悩む心気妄想、「自分は重要人物である」という誇大妄想、嫉妬妄想などの**妄想**がみられる。自分が病気であることを自覚できない、病識の欠如がみられることも多い。

　急性期には**陽性症状**のため、幻覚や妄想、知覚の歪み、独語・空笑、思考の中身が周囲に漏れているような感じ（**思考伝播**）、外から身体や思考を操られるような体験（**作為体験**）、思考や動作のまとまりのなさ、異常な興奮や緊張など、周囲の人が見てもわかる、はっきりした症状が顕著になる。逆に、慢性期は自発性や活動性の低下、意欲・集中力の低下、異常な疲れやすさ、自然な感情をもてない、会話量の減少、複雑・抽象的な思考ができない、思考や行動のパタ

ーン化などの**陰性症状**が著しい。

　治療は、脳内で過剰に活動しているドーパミン神経の活動を抑えて症状を改善する**抗精神病薬**での**薬物療法**を中心に入院、通院で行われる。抗精神病薬は、陽性症状に効果がある従来型の定型抗精神病薬、陽性症状にくわえ陰性症状や認知機能障害に対する効果も期待できる新しいタイプの非定型抗精神病薬がある。また、抗精神病薬の副作用を抑えるために、手のふるえ、身体のこわばり、足のむずむずなどの錐体外路症状を抑える抗パーキンソン病薬などが併用されることもある。服薬しながら通学・通勤する者も少なくない。

　規則正しい生活と社会復帰を目的とした生活指導、**生活技能訓練**（SST）、集団精神療法、作業療法（精神科リハビリテーション）、レクリエーションや芸術療法、心理療法・精神療法などが症状や段階に応じて行われる。自宅療養中も施設や病院で指導やデイケアに参加するなど、孤立を防ぎ、社会と接触するための早期退院、外来通院療法、社会復帰施設等を利用した治療が行われる。これとともに、家族や学校、勤務先の協力など環境調整も重要である。また、治療には**クライエント**自身が自分の症状について正確な情報を得て、対処法を学ぶ**心理教育**も不可欠である。心理教育は家族に対しても行われることがある。

　近年、注目されているケア手法にフィンランド発祥の**オープンダイアログ**（Open Dialogue：OD）がある。当事者と当事者にとっての重要人物（たとえば治療者や家族、教師など）が一堂に会して話し合うという特徴をもつ。たとえば、「夫が浮気をしている」嫉妬妄想から、夫に暴力や暴言をふるい、統合失調症と診断された本人に家族、専門家チーム（医師、看護師、心理士など）が「私はそのような経験をしたことがなくて、よくわからないのですが、もう少し説明していただけますか」などの丁寧な対話を通して詳しく当事者の世界観を理解しようと試みる。

　これまで、統合失調症のクライエントに幻聴や妄想などの症状についての体験を聴くことは、症状の悪化を招くと避けられてきた。しかし、あえて、対話し、時に専門家同士がその場で感じたことを話し合い、それをクライエントに聞いてもらい、そこで生じる相互作用から、回復を目指すことを目的とする。

2．双極性障害（気分障害：躁うつ病、躁病・うつ病）

　双極性障害は、躁とうつ状態という感情の障害を基礎とする病態が交代的、または周期的に出現する。躁状態から次の躁までの間隔が数ヵ月単位から数十年という場合や、うつ状態と躁状態が混在する混合病相が生じることもある。

　うつ状態と軽躁状態のみの場合は双極II型障害とされるが、軽躁状態そのものが患者や家族、医師にも認識されにくく、経過観察に時間が必要なため診断時間を要し、うつ病のみ、躁病のみの**単極性うつ病・躁病**（単極性障害）とみなされていることも少なくない。

　うつ病は、「憂うつ」「悲しい」「何の希望もない」「落ち込んでいる」などの抑うつ気分や**不安**、「好きなことに没頭できない」「新聞を読む・テレビを見る気がしない」「仕事をする気が起きない」など興味・喜びの低下、焦燥、精神活動の低下、食欲低下（もしくは過食）、**睡眠障害**などを特徴とする。発病の誘因は、転居、昇進、職場転換、愛情の対象の喪失など、これまでの自己の役割の変化を求められる状況が多く、心身のストレスと過労を介して病気になると考えられている。

　うつ病の男女比は１：２で女性に多く、生涯有病率は15％程度とされ、がんなど身体疾患に伴ううつ病の発症率も高い。これにくわえ、産後（マタニティブルー）などの生物学的要因が強いという側面もある。

　躁病では気分の異常な高揚が継続する。本人の自覚では活動性が増加し、快いものである場合が多い。しかしながら、自分はなんでもできるなどという万能感、自尊心の肥大や、次から次へと新しい考えが浮かんでくる観念奔逸、浪費、買い物や博打、性的逸脱行動などの快楽的活動に熱中し、社会活動や人間関係でトラブルを引き起こすことが少なくない。

　発病後は、うつ病、躁病ともに心身の休息をとり、抗うつ薬、気分安定薬、不安や焦燥、不眠などが著しい場合は抗安定剤、睡眠薬などの薬物療法が有効である。また、認知行動療法などの心理療法と家族への指導を十分に行い、治癒を妨げる社会心理的葛藤を除くことも重要である。

■ 第4節 心理アセスメント（査定）

　パーソナリティ障害に見るように、人の性格やその偏り、障害や問題などは目に見えにくい。また、疾患の傾向などの判断や見立ても難しい。心理アセスメントは、障害や問題を訴える人の心理的訴え・症状・発達を含めた生育歴、生活の状況を査定し、対象者の特徴を把握・理解するために行われる。

　臨床の場で活用されるアセスメントとは、その人の能力、性格、心理特性を調べて記述することで、検査だけでなく事例検討、面接や行動観察なども含まれる。また、クライエントの現状の把握、治療計画や治療方針の決定、実施された治療の効果を知るための基礎資料となる。その方法としては**観察法、面接法、心理検査法**の3つがある。

図6-2　生育歴を時系列で示す

表6-4　心理アセスメント

観察法	自然観察法と実験的観察法との2つがあり、前者は日常生活のなかで生じる行動や事象を客観的に観察・記録するもので育児日記、逐語記録などが該当する。後者は、仮説検証などの目的をもち行われ、観察場面になんらかの操作や統制を加え、目標となる行動を生じさせて厳密な観察を実施する。しかし、実験では場面設定が非現実的でないか、倫理的問題がないか等に注意を払わなければならない。
面接法	一定時間で対象者の話を直接聞いていく方法である。資料・情報収集を目的とした調査的面接と、クライエントの問題解決を目指した臨床的面接がある。この方法では、クライエントとの対話から、さまざまな情報を得る。また、話す内容に加え、話し方、表情、態度といったノンバーバルな側面にも注意が必要である。
心理検査法	各種心理検査を用いたパーソナリティ理解を目的としている。臨床場面では、クライエントの性格傾向、病態像の理解や治療計画、予測のために用いられることが多い。また、学校、職場などでも個人の適性の見きわめに用いられている。 　心理検査は、心的機能の情緒的側面を測定する性格検査と、知的機能を診断する発達検査や知能検査に分けられる。検査は対象者により成人用、児童用、実施形態から個人用（個別式）、集団用（集団式）があり、検査方法として質問紙法、作業検査法、投影法の3つに分類できる。

また、面接で得られた生育歴を時系列で示す方法や（図6-2）、家族関係を図で示すジェノグラム（図6-3）、社会的支援を書き出すエコマップ（図6-4）などが治療や面談の場での情報整理の方法としてよく用いられる。

あわせて、①一般的情報の把握：性別、年齢等、②主訴・問題歴：何が問題で来院したか、問題となる行動がいつ、どのように生じてきたか、また、それに対する周囲の人の態度や反応など、③家族関係：家族構成、家族成員の性格、家族内の人間関係、夫婦関係など、④教育歴：学級内での態度、適応度、人間関係、学業成績など、⑤相談歴：過去の相談の有無、相談内容と治療内容、面接に対する動機づけなど、⑥身体状況と疾病歴、医学的所見、通院・治療歴、⑦行動観察、⑧地域資源、病院や関連施設等との連携の可能性、⑨各種心理検査結果などに関しての情報収集が求められる。

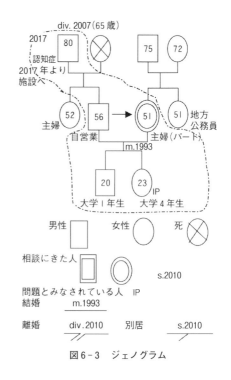

図6-3　ジェノグラム

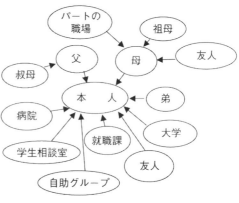

図6-4　社会的支援（エコマップ）

1．アセスメント：質問紙法

　質問紙法は、多数の質問項目が印刷された用紙を被験者に回答させ、個人の性格や心理的特徴、精神病傾向等を知る方法である。実施法・採点法・解釈などが標準化されているため、①施行方法や採点方法がマニュアル化されており使用しやすい、②多人数を対象に比較的短時間でできる、③具体的な心理状態や経験等を広範囲にわたって聞ける、④検査者が観察不可能な日常行動等を知ることができる、などの特徴がある。一方で、主観的、つまり自己申告で回答していること、虚偽回答の確認が難しいなどの問題も指摘されている。

　いずれも、性格傾向を理解するものとして、心身の自覚症状、発達のスクリーニングテスト、また学校や職場での精神衛生管理に用いられることが多い。

2．投　影　法

　あいまいで多義的な刺激を提示し、それに対する反応を分析・解釈する方法

表6-5　主な質問紙法

性格検査	
YG性格検査	120の質問項目で構成され、12の性格傾向（情緒安定性─抑うつ性、回帰性傾向、劣等感、神経質、客観性の欠如、協調性の欠如、向性─愛想の悪さ、一般的活動性、のんきさ、思考的外向、支配性、社会的外向）に分類する。
TEG （東大式 エゴグラム）	人のもつ「5つの心」：CP（批判的な親）、NP（養育的な親）、A（大人）、FC（自由な子ども）、AC（順応した子ども）の強弱から自我状態（エゴ）を数値に置き換えてグラフ化したもの。53問から構成される。
NEO-PI-R	神経症傾向、外向性、開放性、調和性、誠実性の5つの次元からパーソナリティを測定する。
病理・健康のための検査	
MMPI	心身症、抑うつ、ヒステリー性、精神病質的偏向性、性度、偏執性、精神衰弱性、精神分裂性、軽躁性、社会的向性の計10個の臨床尺度に加え、被験者が質問を理解しているか、回答が歪められていないかを確認する4個の妥当性尺度で構成された計550の質問項目に答える。精神医学的診断に客観的データ提供を目的とする。
GHQ	非器質性の精神障害、神経症、緊張やうつを伴う疾患の状態把握などの評価や発見を目的とし、身体症状、不安・不眠、社会的活動障害、うつ状態の4因子を測定する60項目からなる。
CMI	身体的項目（呼吸器系、心臓脈管系、神経系、疲労度、疾病頻度、既往病、習慣）、精神的自覚症状（不適応、抑うつ、不安、過敏、怒り、緊張6尺度）を測定できる。

で、提示された刺激の知覚に、その人の欲求や情緒が投影されるとする考えに基づいている。例として、未完成の文章（言語刺激）を完成させる**SCT**、インクの染み（図版刺激）が何に見えるかを問う**ロールシャッハ・テスト**などがある。

また、鉛筆やクレヨンで紙上に何かを表現させる描画法も投影法の一部で、

図6-5　TAT 模擬図版（加藤 2008）

実のなる 1 本の木を描かせる**バウムテスト**、家族画法、家・木・人を 1 枚の紙に描く**S-HTP法**は、統計的な客観指標に基づいた性格や発達の理解、検査・評価法として用いられている。とくに、幼児の描画は性格の差よりも、知的発達の面が問題にされることが多い。また、絵を描くことそのものが治療として（芸術療法などの心理療法的に）導入されることもある。

【トピックス：統合失調症〜MMPIで知る病態】 Y子は、「私にしかわからない方法で彼が好きだと伝えてくる」「周囲の人に、彼ができてよかったねと祝福される」「ネットや組織のいろいろな動きで、彼が私を好きだとわかった」など、複数の出来事から、ある男性が自分に好意を抱いていると確信した。

しかし、彼はY子に接触してこず、婚約者がいるという噂も耳にし、「嫌いな女とは別れた方がいい」「彼の口から好きと言ってもらいたい」「会いたい」と考え、連日、彼の家を訪ね、ポストに手紙やプレゼントを残した。

偶然にも1度だけ彼に会えた時に、プレゼントを手渡すと「いい加減にしてくれ！」と、包みを道に叩きつけられ、足で何度も踏みつぶしめちゃくちゃにされた。「でも、いろいろな動きが私のことを好きだと伝えてくる。プレゼントをめちゃくちゃにされて傷ついたことを彼に伝えようと、2人で使うはずのティーカップセットをこなごなに割って家の前に置いてきた」と後に心理士に語っている。ただし、「いろいろな動き」が具体的にどのようなものなのかを尋ねても、要領を得ない答えが返ってくるだけだった。

半年後、旅行から戻ったY子がおみやげを届けようと彼の家に向かうと、そこには彼や家族、知人、警察官が彼女を待ちかまえていた。彼には「知らない女につけ回されて気味が悪い」となじられ、知人と警察には精神科の受診を勧められた。しかしY子は

「彼が自分を好きだということを知らせてきたいろいろな動きや、彼が自分を好きだということを知らせてきた組織」を探し出そうと、興信所に行くことも考えたが、誰かにこのことを知ってほしいとカウンセリングルームに行くことにした。

初回面接のあと、2回ほどY子と言語でやりとりし、彼女を統合失調症と見立てた心理士はMMPI（MMPI-1自動診断システム：質問紙の代用として、コンピュータを用いて「はい」「いいえ」など解答していく）を実施した。Y子はテストにすべて解答したが、妥当性尺度（いわゆる、ひっかけ問題）で高得点を示し、再検査対象となった。

妥当性尺度は、テストの解答に嘘、偽りがないかを確認するために用いられる。①？尺度（疑問点）：「どちらともいえない」と答えた項目数が多い場合は正直に回答しているか否かの判断が疑わしいため判定の中止、再検査を検討する。さらに妥当性を見極めるために②L尺度（虚構点）：自分を好ましく見せようとすることで生じる反応の歪みの程度を調べる、③F尺度（妥当性点）：でたらめな答え、詐病、著しい精神障害など出現率の低い回答をした数を示す。受検態度の歪みを見る、④K尺度（修正点）：自己に対する評価、検査に対する防衛の態度。また自己評価、検査への警戒による回答の歪みを修正する点数、などがある。

再検査では、臨床尺度Sc（精神分裂症）、Pa（妄想症）、などの得点が著しく高く、Y子に統合失調症の可能性が強いことが推測され、精神科の医師を紹介することとした。

投影法の特徴として、①自由に反応できる、②全体的・力動的なパーソナリティが把握できる、③反応の意図的歪曲が起こりにくい、④意識レベルにとどまらず無意識レベルを知ることができる、⑤結果の処理・解釈が難しく、テスターには専門的訓練、経験、洞察力が必要とされる、⑥多くは個人別にテストを行うため実施に時間と労力がかかる、などの点があげられる。

図6-6　P-Fスタディ模擬図（加藤 2008）

第4節　心理アセスメント（査定）

表6-6 主な投影法

ロールシャッハテスト	左右対称の無彩色5枚、有彩色5枚、計10枚の刺激図版から見えるものを回答させ、反応を記号化し解釈を行う。得られた全反応は、反応領域、決定因、反応内容の3要素からスコアリングされ、さらに平凡反応、形態水準の2側面で評価する（片口式）。反応の記号化や解釈に、統合失調指標やうつ病指標などの病理的指標、さまざまな人格的指標を統計的に算出し、実証的に明らかにされたエクスナー法が多用される傾向にある。
TAT（絵画統覚検査） CAT：幼児児童用 SAT：老人用	29枚の絵と1枚の白紙から過去・現在・未来の物語を作る。考案者マレーは、物語の作成により、無意識のコンプレックスや、情緒、葛藤等が表出すると考えた。解釈にもマレーの欲求─圧力分析理論に従った分類が用いられる。
P-Fスタディ （絵画欲求不満テスト）	24枚の欲求不満場面で登場人物の会話を想像し、その内容を分析する。24場面のうち16場面は外的な状況が変化し、欲求が満たされない自我阻害状況、8場面は良心や道徳に反する行動をして非難されている超自我阻害状況である。攻撃性の方向と障害への態度から葛藤時の行動を予測する。
SCT （文章完成テスト）	「子どものころ…」「友達と一緒になると…」などの60の刺激文に続けて、どのような文章を完成させたかにより、意識的・無意識的な経験や信念、態度、性格等を理解する。

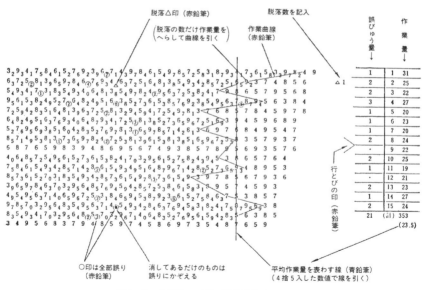

図6-7 内田クレペリン現物写真（岡堂 1993）

3．作業検査法：内田クレペリン検査

内田クレペリン検査は、隣同士の数字を加算する方法で、1桁のたし算を5分の休憩をはさんで前半15分（15回）、後半15分の30分間実施し、1分ごとの作業量の継時的な変化のパターン、休憩前後の作業量の変化などから被検者を理解するものである。その反応結果から作業課題遂行時の緊張、興奮、慣れ、練習効果、疲労、混乱、欲求不満などのパーソナリティが反映されると考えられている。

昭和13年、最新式の海軍ゼロ式戦闘機を製造する会社が数千人の新入工員に対して、内田クレペリン検査を実施した。1年の工員養成期間終了後、会社が

【トピックス：三島由紀夫をロールシャッハテストで解釈する】日本独自のロールシャッハテスト解釈法を体系化した片口安史は、その著書に臨床例として作家・三島由紀夫の逐語（テスト時の発言）、プロトコルと解釈を掲載（1961.8.7検査実施）している。

三島由紀夫（1925～1970）は、楯の会会長として、市ヶ谷の陸上自衛隊駐屯地の総監室で割腹自殺を遂げた（三島事件）。『仮面の告白』、『禁色』、『潮騒』、『金閣寺』などの作品は海外でも多くの読者に読まれ、人気の高い作家として知られる。

片口安史はたった10枚の図版、ロールシャッハテストから以下のように三島由紀夫を解釈・説明した。

「きわめて豊かな感受性を有しながらも、感情に溺れず、むしろそれを拒否しているように思われる。現実回避的な傾向、つまり現実に直接触れることを避けながら、かえって現実を冷静に眺めており、結局は、強い知性によって現実に対して距離を保ちながら、的確な仕方で処理している。それは幻想的な世界を、正確に行動する甲冑的人格と表現することもできる。この甲冑のなかに意外に弱々しい人間像が隠されていたのかもしれない。

同性愛傾向は豊かな想像の源にあって、反応内容を一層個性的なものにしていると考えられる。その性倒錯的な傾向が、内的葛藤と緊張を強め、その結果、日常的・現実的世界を非人間的な世界に変えて、そのなかに住むことによって内的な不安からみずからを守ろうとしている。この事例のロールシャッハ反応にみられる生命力減退の兆しや、かなり病的な傾向を思わせる表現がみられることから、彼の10年後の行動を予測しえた解釈者がおられたかもしれないが、筆者としては、この時点における反応のみからは、彼の不幸な結末を予測することはできなかった」

その間の実務成績とクレペリン検査の成績を比較した結果、強い関係性を認め、以来、臨床・リハビリテーション、産業や教育でも活用されるようになった。このため、この検査を就職試験に導入する企業も少なくない。

4．知能のアセスメント：知能とは何か？

（1）ビネー式知能検査：知的発達の水準把握

ビネー式知能検査は、精神遅滞児を識別する目的から作成された（Binet 1905）。のちに、日本人の生活様式に合わせた田中ビネー知能検査（田中 1947）が開発され、児童相談所や保健所、3歳児検診や療育手帳発行のための診断、学習指導等に活用されるようになった。

特徴として、①多角的な総合検査法で知能を全体的にとらえる、②**精神年齢**と**生活年齢**から知能発達の水準を簡便に把握できる、③質問項目が年齢尺度から構成される、④低年齢級では動作性課題中心、⑤子どもから成人まで検査が可能、⑥該当する年齢級の問題から開始するため所要時間が短い、⑦**知能指数**（IQ）＝精神年齢÷実年齢×100で示す、がある。

その後の、田中ビネー知能検査V（2005）では、14歳以上の被検者には精神年齢を算出せず、偏差値知能指数だけが示され、さらに、結晶性、流動性、記憶、論理推理の4分野について各偏差値IQを算出できるようになった。また、1歳級の問題でとくに不合格が目立つ子どものために発達状態を確認できる項目が加えられた

（2）ウェクスラー式知能検査

1939年に発刊された**ウェクスラー・ベルビュー検査**をもとに、検査対象の年代別に**WPPSI**（適用年齢3歳10ヵ月～7歳1ヵ月）、**WISC-Ⅳ**（5歳～16歳11ヵ月）、

表6-7　WISC-Vにおける5つの指標得点

言語理解（VCI）	言語概念形成、言語による推理力・思考力、言語による習得知識
流動性推理	抽象的思考や柔軟な問題解決能力
視覚空間	視覚情報を素早く正確に処理し、空間内で物体を認識し、配置する
ワーキングメモリ（WMI）	情報を一時的に保持し、その情報を使って具体的なタスクを行う
処理速度（PSI）	注意・動機づけ、集中力、シンプルな課題の迅速な処理、視覚的短期記憶、筆記技能、視覚－運動協応

WAIS-Ⅳ（16歳〜89歳）の3種がある。

　日本版WISC-Ⅳ（2006）は、①VCI：言語理解指標、②PRI：知覚推理指標、③WMI（ワーキングメモリ指標）④FSI：処理速度指標の4つの指標と全検査IQ（FSIQ）から構成され、標準出現率から各指標の個人内差と個人間差がどの程度の差なのかが示される。

　また、最新版のWISC-Ⅴ（2022）は、全体的な知能を表す全検査IQ（FSIQ）と、主要指標から知覚推理指標がなくなり、視空間指標と流動性推理指標に置き換えられ、主要指標が5つになった。

【トピックス：グレーゾーンの子ども】 WISCは、全国の平均的な子どものIQを100（正規分布の考えに基づいて）とし、たとえば、10歳5ヵ月の子どもを検査対象とする場合、その子どもは平均から見て、どこに位置しているのかを見る知能検査である。また、子どもの特性や得意なもの・不得意なものなどがわかるため、対象になる子どもにどう関わるべきか、どのようなところを伸ばすとよいのかなど発達上の問題のヒントを得ることが可能である。

　FSIQ（全検査IQ）が70を下回る場合（69以下）は、その子どもは知的障害の可能性ありとみなされる。また、FSIQ（全検査IQ）70〜80のあいだに位置する場合をグレーゾーン（境界知能）とよぶ。グレーゾーンに該当する者は、全人口の約14％存在し、小学校で1クラス35名の場合、約5人があてはまることになる。彼らは同年齢の子どもの8割程度の知能とされ、小学校高学年の学級に中学年の子どもが混ざっていると考えるとわかりやすい。このため、彼らは、授業そのものを難しく感じている。

　『ケーキの切れない非行少年（2019）』の著者は、グレーゾーンの子どもたちの多くは、見る、聞く力、想像する力などの認知機能（五感を通して得られた情報を整理して、さまざまな行動や態度を作り出していく機能）の弱さを認めている。認知機能の弱い子どもには、感情や行動のコントロールがうまくできない「社会面での課題」や、運動や手先の不器用さによる「身体面の課題」などもみられるという。このため、親や教師から叱責されたり同年代の友だちからいじめられたりすることへのストレスを爆発させるなど、犯罪の加害者となるケースも少なくない。

　彼らは、障害の診断を受けておらず、周囲の者が問題や課題に気づきにくいため、本人のやる気のなさ、努力不足とみなされがちで、早期の支援の対象になりにくい。

　子どもが訴える「しんどさ」や、いろいろな面で困難を抱えていないかを知り、その困難さが何に由来するのかを知ることは、子どもを支援する上でも大切である。

第4節　心理アセスメント（査定）

WAISは、知能検査のみならず、統合失調症患者（外来通院から作業所、デイ・ケア等の促し、就業相談、リハビリテーションの方向性を決定する場合）、気分障害の認知機能、高次脳機能障害の理解などにも用いられることがある。

表6-8　改訂長谷川式簡易知能評価スケール（HDS-R）（加藤ら1991；上野監 2001）

1	お歳はいくつですか？（2年までの誤差は正解）		0　1
2	今日は何年の何月何日ですか？　何曜日ですか？ （年月日、曜日が正解でそれぞれ1点ずつ）	年 月 日 曜日	0　1 0　1 0　1 0　1
3	私たちがいまいるところはどこですか？ （自発的に出れば、2点、5秒おいて家ですか？　病院ですか？ 施設ですか？　のなかから正しい選択をすれば1点）		0　1　2
4	これから言う3つの言葉を言ってみてください。あとでまた 聞きますのでよく覚えておいてください。 （以下の系列のいずれか1つで、採用した系列に○印をつけて おく） 1：a）桜　b）猫　c）電車　　2：a）梅　b）犬　c）自動車		0　1 0　1 0　1
5	100から7を順番に引いてください。（100 − 7は？、それから また7を引くと？　と質問する。最初の答えが不正解の場合、 打ちきる）	93 86	0　1 0　1
6	私がこれから言う数字を逆から言ってください。（6-8-2、3-5- 2-9を逆に言ってもらう、3桁逆唱に失敗したら、打ちきる）	2-8-6 9-2-5-3	0　1 0　1
7	先ほど覚えてもらった言葉をもう一度言ってみてください。 （自発的に回答があれば各2点、もし回答がない場合以下のヒ ントを与え正解であれば1点） a）植物　b）動物　c）乗り物		a：0　1　2 b：0　1　2 c：0　1　2
8	これから5つの品物を見せます。それを隠しますので何が あったか言ってください。 （時計、鍵、タバコ、ペン、硬貨など必ず相互に無関係なもの）		0　1　2 3　4　5
9	知っている野菜の名前をできるだけ多く言ってください。 （答えた野菜の名前を右欄に記入する。途中で詰まり、約10 秒間待っても出ない場合にはそこで打ち切る） 0〜5 = 0点、6 = 1点、7 = 2点、8 = 3点、9 = 4点、 10 = 5点		0　1　2 3　4　5
		合計得点	

第6章　人格・性格・アセスメント

（3）高齢者を対象とする知能テスト

認知症のスクリーニングを目的として、全体的な認知面の状態把握のために用いられるのが**改訂長谷川式簡易知能評価スケール**（HDS-R）である。言語性知能のみのテストで、運動障害のある者でも実施できる。一般に20点以下を認知症、21点以上を健常とみなすが、軽度認知障害（MCI）などの高齢者の場合、20点台後半の得点のケースもあるため注意が必要である。所要時間は10分程度である。

また、動作性知能、すなわち図を描かせる構成課題も加味した**MMSE**は、国際的に用いられている。「時間見当識」「場所見当識」「３つの言葉の記銘」「計算」「３つの言葉の遅延再生」「物品呼称」「復唱」「口頭による３段階命令」「書字理解・指示」「自発書字」「図形模写」が検査内容とされ、質問項目30（各１点）、日本版では23点以下を認知症域に設定している。

5．発達や他の能力を知るためのアセスメント

年齢と発達の度合いの比較を行い、実際の年齢とどのくらい差があるかを評価する検査として、**遠城寺式乳幼児分析的発達検査法**（→第７章：表７-３）、**津守式乳幼児精神発達診断法**がある。いずれも、面接者が保護者に子どもの様子を個別に面接し、各項目について質問する方法で実施される。一方の**新版Ｋ式発達検査**は、年齢において一般的と考えられる行動や反応と、子どもの行動や

表6-9　主な発達検査

遠城寺式乳幼児分析的発達検査法	① 新生児から４歳８ヵ月までに相当する乳幼児の発達状況。 ② 運動・社会性・言語の３分野で質問項目が構成され「移動運動・手の運動・基本的習慣・対人関係・発語・言語理解」の６領域で診断される。
津守式乳幼児精神発達診断法	① １～12ヵ月、１～３歳、３～７歳までの年齢に応じた３種類の質問紙438の質問項目から構成。 ② 運動、探索、社会、生活習慣、理解・言語の５領域に分かれる。検査結果は発達輪郭表に示され、発達年齢と発達指数が算出される。
新版Ｋ式発達検査	① 「姿勢・運動」（P-M）、「認知・適応」（C-A）、「言語・社会」（L-S）の３領域を評価。３歳以上では認知・適応面、言語・社会面の検査に重点を置く。 ② ３領域の「発達指数」と「発達年齢」が検査結果として示される。

第４節　心理アセスメント（査定）

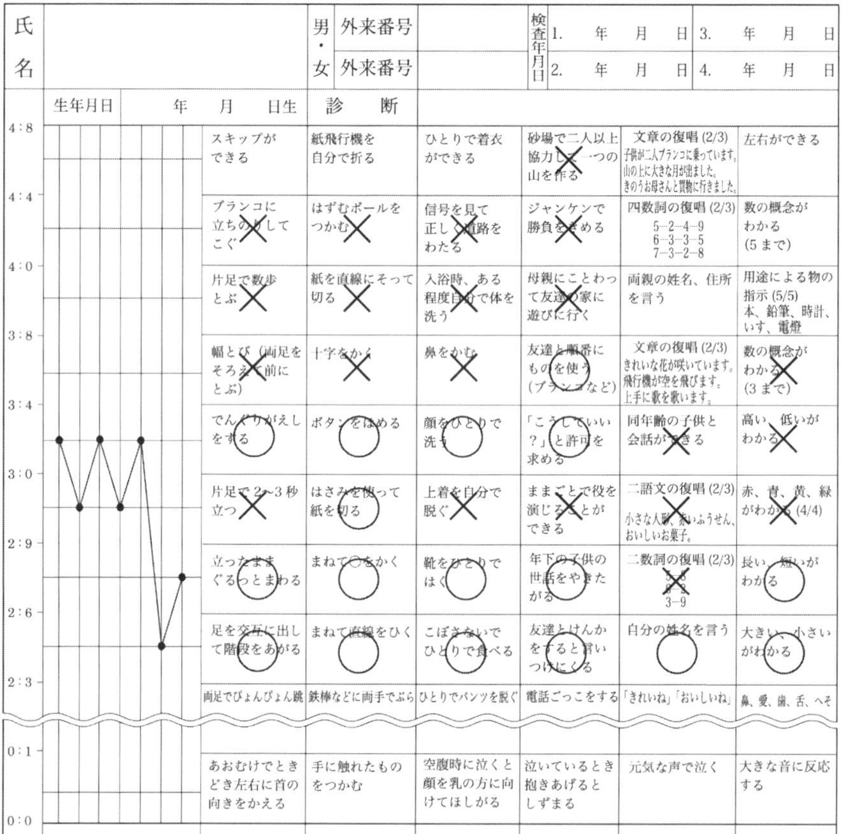

| 氏名 | | 男・女 | 外来番号 | | 検査年月日 | 1. 年 月 日 | 3. 年 月 日 |
| | | | 外来番号 | | | 2. 年 月 日 | 4. 年 月 日 |

生年月日 年 月 日生 診断						
移動運動	手の運動	基本的習慣	対人関係	発語	言語理解
4:8 スキップができる	紙飛行機を自分で折る	ひとりで着衣ができる	砂場で二人以上協力して一つの山を作る ✕	文章の復唱 (2/3) 子供が二人ブランコに乗っています。山の上に大きな形見ました。きのうお母さんと買物に行きました。	左右ができる
4:4 ブランコに立ちのりしてこぐ ✕	はずむボールをつかむ ✕	信号を見て正しく道路をわたる ✕	ジャンケンで勝負をきめる ✕	四数詞の復唱 5-2-4-9 6-3-3-5 7-3-2-8	数の概念がわかる (5まで)
4:0 片足で数歩とぶ ✕	紙を直線にそって切る ✕	入浴時、ある程度自分で体を洗う ✕	母親にことわって友達の家に遊びに行く	両親の姓名、住所を言う	用途による物の指示 (5/5) 本、鉛筆、時計、いす、電燈
3:8 幅とび(両足をそろえて前にとぶ) ✕	十字をかく ✕	鼻をかむ ✕	友達と順番にものを使う(ブランコなど) ✕	文章の復唱 (2/3) きれいな花が咲いています。飛行機が空を飛びます。上手に歌います。	数の概念がわかる (3まで)
3:4 でんぐりがえしをする ○	ボタンをはめる ○	顔をひとりで洗う ○	「こうしていい?」と許可を求める ✕	同年齢の子供と会話ができる ✕	高い、低いがわかる ✕
3:0 片足で2~3秒立つ ✕	はさみを使って紙を切る ○	上着を自分で脱ぐ ✕	ままごとで役を演じることができる ✕	二語文の復唱 (2/3) 小さな人形、赤いふうせん、おいしいお菓子。	赤、青、黄、緑がわかる (4/4) ○
2:9 立ったままぐるっとまわる ○	まねて○をかく ○	靴をひとりではく ○	年下の子供の世話をやきたがる	二数詞の復唱 (2/3) 3-9 ✕	長い、短いがわかる ○
2:6 足を交互に出して階段をあがる ○	まねて直線をひく ○	こぼさないでひとりで食べる ○	友達とけんかをすると言いつけにくる	自分の姓名を言う ○	大きい、小さいがわかる ○
2:3 両足でぴょんぴょん跳	鉄棒などに両手でぶら	ひとりでパンツを脱ぐ	電話ごっこをする	「きれいね」「おいしいね」	鼻、歯、歯、舌、へそ
0:1 あおむけでときどき左右に首の向きをかえる	手に触れたものをつかむ	空腹時に泣くと顔を乳の方に向けてほしがる	泣いているとき抱きあげるとしずまる	元気な声で泣く	大きな音に反応する
0:0 暦年齢 / 移動運動 / 手の運動 / 基本的習慣 / 対人関係 / 発語 / 言語理解	移動運動	手の運動	基本的習慣	対人関係	発 語	言語理解
	運 動		社 会 性		言 語	

(注:上の方へ✕印が3個続いたら、そこで検査を打ちきる。下の方へ○が3個続いたら、それ以下はすべてできるものと仮定して、そこで打ちきる。)

図6-8 遠城寺式乳幼児分析的発達検査法の記入例 (遠城寺 1984)

反応が一致するか否かを積木など乳幼児が親しめる材料を用いて、行動観察する検査、評価である。

6．神経心理学的アセスメント

神経心理学は、脳を中心とする神経系と、言語・認知を中心とする精神機能との関係を究明する学問である。脳の損傷が、行動・精神へどのような影響を及ぼしているのかなどを研究対象とする。

現在、脳損傷後（神経心理学的症状あるいは**高次脳機能障害**）の診断と治療介入には、これらの視点の検査や評価、実践が不可欠である。対象範囲も、失語・失認・失行という言語機能や認知機能、後遺障害の機能だけでなく、感情障害や意欲障害などへのアプローチも行われている。

（1）知的機能の測定

①コース立方体組み合わせテスト（非言語性知能測定尺度）：各面が赤、白、青、黄、赤と白、青と黄に塗り分けられた1辺3センチの積木を組み合わせて、難易度順に並べられた17問の模様を作る課題である。精神年齢や知能指数が算出できるが、見よう見まねで教示し、模倣させるテストであるため、現在は主に非言語性の能力を知る目的で用いられている。聴覚障害者、高年齢者、脳障害の後遺症患者にも適し、リハビリテーション場面で多用される。

②K-ABC心理・教育アセスメントバッテリー：ひとり一人の子どもに適した教育的支援の方向性、つまり、子どもの能力を認知処理過程と知識・技能の習得度の両面から評価し、得意な認知処理様式を見つけ、指導・教育にいかすことを目的とする。日本版は2歳6ヵ月〜12歳11ヵ月に用いられ、14種類の下位検査、継次処理尺度（情報を1つずつ時間的な順序で連続的に処理する）と同時処理尺度（一度に与えられた多くの情報を空間的、全体的に統合し、処理して課題を解決する）、それらを合わせた認知処理過程尺度（心理学観点による問題解決に関する一連の技能）、さらに習得尺度（教育的観点による知識、言語概念、教科学習に関する技能）の4種類の総合尺度から分析される。

年齢に応じて、すでに述べたHDS-R、MMSEや国立精研式痴呆スクリーニングテスト、非言語性知能検査である、**レービン色彩マトリックス**（Raven's colored progressive matrices）も多用される。

（2）記　憶

記憶に関するテストは、頭部損傷や脳障害による記憶障害診断のための評価

表 6-10　主な神経心理学的アセスメント：記憶

日本版 RBMT リバーミード 行動記憶検査	記憶障害診断のための評価に用いられる。課題は人の名前を覚える、約束を覚える、道順を覚えるなど 11 種類の下位検査で構成されており、記憶障害がどのような種類の日常課題に現れやすいかを測定できる。また、障害の時間的変化を追うことも可能である。
ベントン 視覚記銘検査	提示された線画図版を一定時間に再生・模写させるテスト。主に後天性の脳損傷者、失語症患者を対象に視覚認知、視覚記銘、視覚構成能力の 3 点のアセスメントとして用いられる。
レイ複雑図形検査	視覚構成能力や視覚的記憶能力の検査であり、図 6-9 に示すような課題が実施される。
レイ聴覚性 言語学習検査	15 語の単語系列 A・B を用いた言語性記銘検査。

だけでなく、認知症診断に適用されることもある。

（3）そ の 他

　ベンダー・ゲシュタルト・テスト（Bender gestalt test）：9 個の幾何学図形の模写が求められ、その描写の正確さ、混乱度、描画方法などが査定される。器質性精神障害の判別鑑定、パーソナリティの偏り、高年齢者や脳障害の後遺症患者にも適している。ただし、近年、CT など高度医療技術の発展により以前と比較し、使用されなくなっている。

7．アセスメントとテスト・バッテリー

　検査を行う時、対象者を総合的かつ客観的、正確に理解するために、必要かつ適切な複数の検査を施行すること、またその組み合わせを**テスト・バッテリー**という。

　性格検査は、検査の種類によって反映される人格の側面が異なること、テスト場面の対人関係や検査者への期待が反映されること、解釈に検査者の個人的要因が影響しやすいことを念頭に置く必要がある。また、聴き取る力（聴力）の弱い者に対して、知能検査を実施したところ、IQ が低く算出されるなど、知能以外の苦手さがテストに反映されることがある。このためにも 1 つのアセスメントや、対象者の背景を十分把握せずに、偏ったアセスメントを実施することの危険性を意識する必要がある。

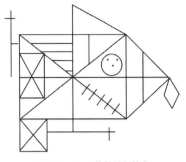

図6-9 レイ複雑図形検査

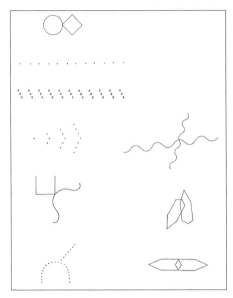

図6-10 ベンダー・ゲシュタルト・テストの図形
(Leasak 1995)

　性格の考え方から、アセスメント、さらには、病理についてまでを簡単に概説した。さまざまな説があるように、研究者の理論や考え方も多種多様である。すなわち、人間をどう評価するかは、非常に難しく、複雑だといえよう。

(青木　智子・水國　照充・木附　千晶)

【トピックス：言語性・動作性IQ】言語性IQは、言葉や知識の理解、耳からの情報を理解する能力であり、動作性IQは手や体を動かす動作に関係するもの、目からの情報を理解するという違いがある。
　言語性IQが低いと、「相手の話していることがわからない」「自分の伝えたいことがうまく表現できない」「あれ・それなどの指示語の理解が難しい」などの傾向がみられる。一方、動作性では板書を見ながらノートに書くなど「目で見て作業することが苦手」という特性をもつ。

第4節　心理アセスメント（査定）

CASE 6...

教育機関における多職種連携のあり方について

　筆者は県の教育センター（以下、センターとする）で教育心理相談員（心理職＝CP）として在職している。教育センターであるため、CP10数名に加え、指導主事^{注)}として在籍する小・中・高等学校・特別支援学校の教員、退職校長などの教職経験者の方々と協働する場面が非常に多い。くわえて、精神科・眼科の医師、言語聴覚士（ST）、また、福祉職としてスクールソーシャルワーカー（SSW）などのスタッフとも関わっている。このように、さまざまな立場の職種がいる職場において、専門職は、良好な関係性を構築した上で、いかに専門性を発揮し、自分自身の軸を曲げず、日々の業務、臨床場面でも、異なる専門性をもつ複数の者が、援助を必要とする人の問題について検討すること（＝コンサルテーション）ができるかが求められる。

　そのためには、自身の専門領域に関する知識・技法について、日々精通し、研鑽を高めることは責務でもある。私の場合も、臨床心理学だけでなく心理学全般の知識を網羅し、小・中・高等学校・特別支援学校、それぞれの学校のシステム（行政や地域の違いもあるだろう）など教育分野について、協働する多職種の特徴や役割について学ぶ必要がある。これらが職種間の円滑なコミュニケーションだけでなく、センターの機能を最大限に高めることにつながるからだ。

　たとえば、CPは教育相談のみを業務としているわけではない。CPが来所相談のケースについて、医師（＝Dr.）に相談することがある。Dr.と相談者の面談をセッティングし、診断のみならず医学的観点から学校での支援方法などの情報を得るのが目的である。ケースによっては、CPが事前に学校から相談内容を聞き取り、Dr.への事前説明で学校のニーズを伝えることもある。教育現場と医療との接点になることもまた、CPの役割の1つである。

　いずれの場合も、CPの医学的知識が欠かせない。医師もまた心理職についての知識なしではやりとりは成立せず、「問題解決」に影響を与えることになりかねない。CPに限らず、どのような職種でも、他業種が混在する職場で、職種間の架け橋になる者は重宝されることだろう。

　とかく、専門職は、自分一人で「問題」を抱え、何とかしようとしがちである。そのなかでも、自分の専門領域や限界について認識し、何が自分には足りなくて、誰に頼るべきか、ということを適切に判断できる能力こそ、真の専門職の力と言えるのではないだろうか。

（小松　昭吾）

注）指導主事：学校の営む教育活動自体の適正・活発な進行を促進するため、校長および教員に助言と指導を与えることを職務として教育委員会事務局に置かれる職

Chapter 7
生涯発達心理学（1）
：生まれてから児童期まで

「自分の人生ゲーム」で、誕生から天国のゴールまで、将来の就職、子どもの誕生、自分の家をもつなどのライフイベントに目を向けてみよう。さらには「発達」の視点からゲームを眺めてみたい。
　大人になるまで私たちは心身の成長を遂げる。後に、身体機能などは低下しながらも、精神的には経験や英知を蓄え、人生の終盤を迎える。心理学ではそれら心身の状態すべてを発達ととらえる。

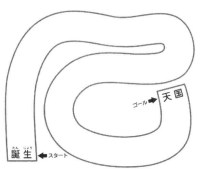
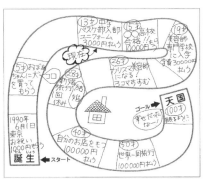

図7-1　人生ゲーム（諸富祥彦監修・大竹直子著　2005　教室で　保健室で　相談室で　すぐに使える！とじ込み式自己表現ワークシート　図書文化より）

第1節　発達とは

　発達心理学における**発達**とは、**成長・成熟・経験・学習**などの誕生から死に至るまでの一生の心身の変化すべてを含む。
　年齢によって生じる身体的・生理的変化を「成長」、20歳前後で成長が一定水準に達した時を「成熟」、環境の影響による後天的変化と考えられる部分を「学習（経験も含む）」と呼ぶ（→第1章）。
　赤ちゃんが、小学校を卒業し、成人式を迎え、大人になるように発達や成長

表7-1　各研究者の発達段階説 (朴 2013をもとに作成)

	ピアジェ (知的機能)	コールバーグ (道徳性)	フロイト (精神分析)	エリクソン (心理社会)
乳児期	感覚運動期	前道徳期 (段階0)	口唇期・肛門期	信頼対不信
幼児期	前操作期	服従と罰 (段階1)	男根期	自立性対恥・疑惑
		互恵性 (段階2)		主体性対罪悪感
児童期	具体的操作期	良い子 (段階3)	潜伏期	勤勉性対劣等感
青年期	形式的操作期	法と秩序 (段階4)	性器期	同一性対同一性拡散
成人前期		社会的契約 (段階5)	成人期	親密対孤立
成人後期		原理 (段階6・7)		生殖性対停滞
老年期				統合性対絶望

には一定の順序がある。その順序を各年齢の特徴に従い段階的に区切ったものを**発達段階**という。そのプロセスは各研究者が関心をもつ発達の側面の違いにより異なる（表7-1）

　一般に発達段階は新生児期（出生〜1ヵ月）、乳幼児期（1ヵ月〜1歳）、幼児期（1〜6歳）、児童期（6〜12歳）、青年期（12〜20歳頃）、成人期（20〜65歳）、老年期（65歳以降）に区分される。

　ピアジェ（Piaget 1956）はみずからの子どもの観察を通して、子どもがどのように世界や物事を認識するか、記憶し、学習し、考えるのかに目を向け、4段階から成り立つ認知発達理論を体系化した。

　エリクソンは、**アイデンティティ**などの概念から、人間の発達をある価値観を伴うゴール、成熟へのプロセスと考え、人の一生を8段階で説明した（**心

表7-2 エリクソンによる発達の段階と発達上の中心テーマ（坂上ら 2014をもとに作成）

段階	相当する時期	心理社会的危機	重要な関係を結ぶ範囲	心理社会的モダリティ（他者や世界に対する総体的な関わり方）
I	乳児期	基本的信頼 対 基本的不信	母親的な人物	・与えられるものを受け取ること ・お返しとして考えること
II	幼児前期	自律 対 恥、疑惑	両親的な人物	・保持する（持ち続ける） ・手放すこと
III	幼児後期	自主的 対 罪の意識	基礎家族	・つくる（追い求める） ・まねをする（遊び）
IV	児童期	勤勉 対 劣等感	近隣、学校	・物をつくる（完成させる） ・誰かと一緒に物をつくる
V	青年期	アイデンティティ 対 アイデンティティ拡散	同年代の集団・他者集団 リーダーシップのモデル	・自分自身になる ・自分自身であることを他者と分かち合う
VI	成人初期	親密と連帯 対 孤独	友情関係、セックス、競争、協働のパートナーたち	・他者のなかに自分を失い（lose）、見出す
VII	成人中期（中年期）	世代性 対 停滞	労働における分業と家庭内における分担	・何かを存在させる ・世話をする
VIII	成人後期（老年期）	統合 対 絶望	人類、私の種族	・これまで生きてきた存在の仕方を通して存在する ・存在しなくなるという事実に直面する

理・社会的発達論）。精神分析を学んだエリクソンは、フロイトの思春期で完了してしまう人格の発達論に対し、生涯人は発達を続けると考え、発達を老年期にまで広げている。

　また、身体やリビドーという生物的要因や個人内に限定することなく、人が社会や文化に影響を受けるという**ライフサイクル**の観点から発達をとらえた。

　人は、各発達段階において重要な人物（環境）とのかかわりから生じる危機

表7-3　遠城寺式・乳幼児発達検査表に基づく幼児期の運動機能・社会性・言語（遠城寺 1984）

月齢	運動	社会性	言語
6ヵ月	寝返りをする	コップから飲む 親しみと怒った顔がわかる	おもちゃなどに向かって声を出す。親の話し方で感情を聞き分ける（禁止など）
10ヵ月	つかまり立ち 瓶のふたの開け閉め	泣かずに要求を示す 身振りを真似する	喃語。「いけません」に手を引っ込める
1歳半	走る コップからコップに水を移す	パンツを履かせる時、両足を広げる。困難なことに出会うと助けを求める	絵本を見て1つの名称をいう。絵本を読んでもらいたがる
2歳	ボールを前に蹴る 積木を横に2つ以上並べる	排尿を予告できる 親から離れてひとりで遊ぶ	2語文を話す 「もうひとつ」「もうすこし」がわかる
2歳半	足を交互に出して階段を登る 真似て直線を引く	こぼさず1人で食べる 友達と喧嘩をすると言いつけにくる	自分の姓名を言う 「大きい」「小さい」がわかる
3歳	片足で2～3秒立つ ひとりではさみを使う	上着を自分で脱ぐ ままごとで役を演じられる	赤・青・黄・緑がわかる 2語文の復唱ができる
3歳半	両足を揃えて前に飛ぶ 十字を描く	鼻をかむ 友達と順番にものを使う	文章の復唱 数の概念がわかる（3まで）
4歳	片足で数歩飛ぶ 紙を直線に沿って切る	入浴時、ある程度自分で体を洗う。母親に断って友達の家に遊びに行く	両親の姓名、住所を言う 用途による物の指示
4歳半	スキップできる 紙飛行機を自分で折る	1人で着脱できる。砂場で協力して2人以上で協力して1つの山を作る	文章の復唱 左右がわかる

（心理社会的危機）を乗り越えながら発達するとし、各段階で「達成すべき発達課題」があると考えた。各段階の危機をどう解決するかは、後の発達段階での危機の対処方法の決定にも関わる。

　たとえば、乳幼児は「お腹がすいた」など不快な時、養育者が「ミルクをくれる」という適切な対応から安心感を得る。このような体験から、周囲の世界に対する基本的信頼感（プラスの力）を獲得する。

　逆に、「ミルクが出てこない」状態をくり返し経験すると、周囲の世界に不信感（マイナスの力）を抱く。乳幼児期の発達課題は不信感よりも信頼感を得る

図7-2　乳児の二足歩行までの変化 (白佐 1982)

体験を多くもつことで達成される。このように発達課題が適切に達成されると健康なパーソナリティの発達につながるが、未解決の場合、積み残しとして後の段階で多くの発達上の困難に遭遇すると考える。

第2節　認知の発達

　赤ちゃんは、あらたな環境に対する知識が未熟なままで誕生するため、生後1ヵ月頃までは反射的な行動（**モロー反射**や**吸啜反応**など）を使って外界と接触している。言葉がつかえないため、なめたり、触ったりなど触覚から外界情報を得ようとしているのである。この時、自分と他者の区別はない。

　4ヵ月頃には、自分の手を見つめたり、養育者の声がする方へ目を向けるよ

うになり、8ヵ月になると、手にしたガラガラから偶然、耳にした音が気にいると、また鳴らそうと、動作をくり返すようになる（**循環反応**）など周囲の環境へ関心が広がっていく。

1歳頃には、いないいないばぁ遊びを喜び、目の前にあるものを被いなどで視界から隠しても、被いを取ればそれが存在することを理解できるようになる（**対象の永続性**）。

1．感覚運動期

ピアジェは、子どもが新しいもの・ことに遭遇した時、それをどう理解していくのかを研究した。たとえば、「鳥」は「空を飛ぶ」という認識があると、飛んでいるハトやカラスを見た時、ハトやカラスも「鳥」だと理解できること

3つの学習段階「シェマ」「同化」「調節」

を**同化**とよんだ。

　一方で、ダチョウを動物園で見たが、空を飛ばず、巨大だった場合、今までの認知の枠組み「鳥」（シェマ）ではうまく対処できなくなる。この時、子どもは、外界にあわせて、ダチョウも鳥であると認知を変えようとする（**調節**）。

　ピアジェは、子どもが同化と調節のバランスを保ちつつ（**均衡化**）、くり返すことで、理解力が深まり成長していくと考えた（**感覚運動期**）。

　この時期の子どもは、まわりの人の声かけや世話、スキンシップなどを通して「他者と自分を区別する」、「ものの形と役割を知る」「物事を予測する」ことを学んでいく。

2．前操作期（1歳半、2歳〜6、7歳）

　子どもは、物事を自分の頭のなかでイメージを使って区別して認識（**表象**）、操作できるようになる。しかし、正確に操作が行えるようになるには時間が必要で、これらができるようになるまでの時期を**前操作期**とよぶ。

　前半の前概念的思考期の特徴に「（ぬいぐるみの）くまさんがお返事してくれない」など無生物も意思や感情をもっていると考える傾向（**アニミズム**）がみられる。

　この時期の子どもは物事を相手の立場からとらえることが難しい。つまり、

第2節　認知の発達

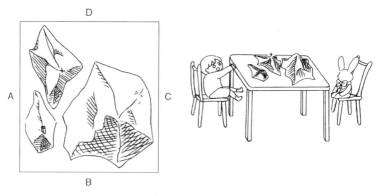

図7-3 3つ山課題

自分が見えているのと同じように、相手にも見え・感じ・考えていると認識している（**自己中心性**）。これは3つ山課題という実験からも証明されている。

後半の直感的思考の時期は、概念的思考も徐々に発達し、物事の分類や関連づけができるようになるが、その推理・判断はまだ直観的で、見た目で判断してしまいやすい。

2列に並べた同じ数のおはじきを見せ、両列のおはじきが同数であると確認させる。その後、子どもの目の前で、一方の列のおはじきの間隔を広げて列全体を長くしてから、「どちらが多い？」とたずねると間隔の広い列の方が多いと答える（図7-5）。ホールのケーキを6つに切り分けると、個数が増えたことから、食べられる量も多くなったと認識してしまう。つまり、物の形が変化して、量や性質が変わらないことが理解できない（**保存性の未発達**）。

誤信念課題（Wimmer & Perner 1983）実験は、自分だけが知っていることと、他者が知らないことを区別する難しさを示している。この課題に3～4歳児は「サリーはアンの箱を探す（誤答）」と答えるが、6歳頃には、多くの子どもが「サリーはバスケットを探す」と正答できるようになる。このことから、前操作期の子どもの認知が自分の見方に限定されていることがわかる。

3．具体的操作期

児童期7、8〜11歳頃の子どもは、情報も整理でき、論理的に思考できるようになる。相手の気持ちも考えられるようになり、目で見た情報に左右されることも少なくなる。

たとえば、粘土を丸くしたり、細長くしたりと形を変えてみても、量は同じであると理解できる（**保存課題**）。このようにいくつかの面をふまえた論理的判断ができることを保存の成立という。

4．形式的操作期

愛や平和、理念など抽象的なことがらも論理的に考えられ、実際に体験しなくとも、説明・映像などから頭のなかでイメージできるようになる。また、これまでの知識や経験を応用して

図7-4　誤信念課題（サリーとアンの課題）
（Frith 1989；冨田・清水 1991；櫻井 2012より作成）

仮説を立て、結果を予測する仮説思考や推論などの思考力も発達する。

作文でも小学4〜5年生では文章の構成を考えながら、適切な表現を使えるようになる。さらに学年が進むと、より明確に読み手に伝わるよう言葉を選択し、表現を工夫できる。この時期、大人と同じ思考方法や表現方法を身につけ

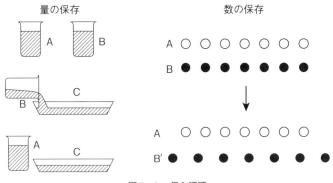

図7-5 保存課題

始める。

第3節 ことばの発達

　新生児は、生後1ヵ月頃には、話をするかのような音を出し始め、生後2ヵ月過ぎには、乳児特有の**喃語**(いわゆるバブバブ)を発するようになる。6〜7ヵ月頃には鼻音や舌音など多様な音を発声する。この時期は、「ダダダダダ・ブブブブブ」などの**反復喃語**が多く、喃語は子どもにとって発声そのものを楽しむ、いわば、遊びでもある。

　1歳過ぎには、食べ物を「まんま」と発語することがあるが、これは「食べ物がある」「この食べ物を食べたい」「食べ物をこっちによこせ」など単なる叙

述から要求、意図など多様な意味で使われる。単語は1つだが、そこに1つの文としての機能をもつこの表現を**1語文**という。後に、このような語がつながれ、2語またはそれ以上の語のまとまりへと変化していく。

内言と外言の区別がつくと独り言は消失する

　複数の語からなる発話が始まると、文法の知識がどれぐらい獲得されているかの分析が可能になる。名詞と動詞が結びついた表現（「わんわん　ないている」）が現れ、その後、動詞と助詞の表現、2語発話と助詞の表現（「あかちゃん　かわいいね」）などが観察される。

　2～3歳頃には、子どもの言語能力は飛躍的に進歩し、名詞だけでなく、動詞、形容詞、副詞なども増加し、事実や意図の表現だけでなく、微妙なニュアンスの違いもしだいにわかるようになる。

　また、この時期の子どもが集団で遊んでいる時にも、ひとりごと、すなわち独言（自己中心的言語）が多いことに着目したピアジェは、これを幼児の自己中心性、社会的未発達の現れととらえた。

　それに対して**ヴィゴツキー**（Vygotsky 1934）は、言語はコミュニケーション機能として獲得されるもので、自己中心的言語がよくみられる2～5、6歳にかけて、それが2つに分化し、一方はコミュニケーション手段として発達し、もう一方は思考手段として内在化していくと考えた。その上で、他者とのコミュニケーションのツールである音声言語を**外言**、音声を伴わない思考のツールとして内的対話のために用いられる言語を**内言**とよんだ。

　4歳半頃には、言語の構造や意味そのものが理解され、「しりとり」や「さかさことば」などのことば遊びができるメタ言語能力がめばえ始める。メタ言語能力は小学校中～高学年にかけて、よりいっそう高い水準へと発達していく。

第3節　ことばの発達

第4節　自己と他者との関係の発達：愛着の形成と分離不安

1．愛　着

無力にみえる赤ちゃんだが、それでも生きてゆくために必要なさまざまな反応や感覚、能力を備えている。たとえば新生児期だけにみられる原始反射に**吸啜反射**（乳房を求める反射）、**把握反射**（手のひらにふれるものをしっかりつかむ）、**モロー反射**（大きな音を聞いたり、強い光を浴びると、両腕を広げる）、**バビンスキー反応**（足の裏にふれると指を広げたり、曲げたりする）、

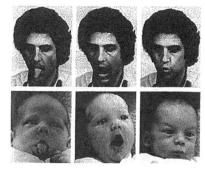

図7-6　新生児模倣（Meltzoff & Moore 1977）

大人が舌を出す、口を開ける、唇を突き出すというような表情をすると、新生児はそれを観察し表情をまねる**共鳴反応**（新生児模倣：赤ちゃんが人の顔に注目し、模倣するかのような反応を示す）（Meltzoff & Moore 1977）などがある。

ファンツ（Fanz 1963）は、**選好注視法**の実験から、赤ちゃんが動くものを目で追い、単純な図形よりも人の顔に似たものを好んで見ることを明らかにした。生後半日頃から、赤ちゃんは母親と母親以外の女性の声を聞き分け、出生直後には甘味、苦味、酸味という味覚を認識できる。

また3、4ヵ月頃には、人の顔を見るなどの視覚刺激に微笑むようになる（**社会的微笑**）。この反応は養育者に「赤ちゃんからの愛情・好意」と受け止められ、さらなる愛情を呼び起こし、養育動機を高めさせる。さらに、赤ちゃん

特有の丸みを帯びた容貌も養育者の愛情を促進するとされている（Lorenz 1971）。赤ちゃんは受身の存在と思われがちだが、養育者からみずからを育てる意欲を引き出す形で他者と関わっている。

6、7ヵ月頃になると赤ちゃんは、養育者を他者とは違う特別な存在として区別できるようになる。**ボウルビィ**（Bowlby 1969）は、このような赤ちゃんと特定の対象（養育者）との情緒的結びつきを**アタッチメント**（**愛着**）とよんだ。

アタッチメントの行動とは、たとえば、養育者の顔を見て笑みを浮かべる、喃語を発する、姿が見えなくなると泣く、後追いする、あやされれば泣きやむ、見知らぬ人がいるとしがみつくなどがある。また、これら赤ちゃんからのサインに対して、養育者は赤ちゃんの感情を敏感に察し、迅速かつ適切に欲求に応えることが安定したアタッチメントの形成につながる。

ボウルビィは、「乳幼児と母親（あるいは生涯母親の役割を演ずる人物）との人間関係が親密かつ継続的で、しかも両者が満足と幸福感にみたされるような人間関係が精神衛生の基礎である」として母子の相互作用の重要性を主張した。生後3～6ヵ月ないし生後6～12ヵ月の期間の良好な母子関係がその後の人格形成や精神衛生の基盤になることを指摘し、この時期に愛着関係が形成されていないと、発達上の遅延を引き起こす可能性があると説いた。この母子相互作用の欠如を**母性的養育の喪失**という。

幼児期になると、子どもは身体が発達するため養育者を追いかける、抱きつくなど積極的な愛着行動を多くみせるようになる。また、主要な養育者以外の家族や見慣れた知り合いを2次対象として愛着を示す。

子どもは母親などの愛着の対象から離れると、当初は母親との接近・接触を激しく求めるが（**分離不安**、7～8ヵ月の人見知り頃から見られる）、1歳後半頃には、不在の理由を理解できるようになり、母親を安全基地としながら探索活動に熱中するようになる。この時期、子どものそばに母親がいない時に、「母親」や「乳房」などの代わりとなる、「母親の代理物」としての**移行対象**が出現することが

ある（Winnicott 1971）。

　自分の指や毛布、ぬいぐるみなどが移行対象となり、母親と離れて、1人でいられるようになるまでの代わりの役割を果たす。つまり、主に母親などの養育者（愛着対象）と培ってきた経験に基づき、愛着対象についてのイメージができあがり、信頼感が形成されるのである。

2．遊びと子ども

　子どもは、友だちとの遊びを通して、楽しく遊ぶにはルールを守る必要があること、他者の気持ちを考えることが大切であることを学ぶ。

　パーテン（Parten 1932）は遊びを社会的行動とみなし、社会性の観点から分類した。2歳になると**ひとり遊び**や**並行遊び**（他者と交わらない遊び方）が多く、仲間と遊ぶことは少ない。2歳半以降、他児の活動に興味をもち始め、3歳以降には、連合遊び、協力遊びが増加する。つまり、子どもの遊びはひとり遊びから仲間の遊びの観察を経て、共通のルールや目的をもった社会的な遊びへと変化する。

　遊びの変化は、道徳性の発達にも関係する。ピアジェ（1932）は実験から、幼児期の子どもは、罪の損害の大きさで結果的な判断をするのに対し、8〜9歳の児童期の子どもは、行為そのものよりその背後にある動機や意図を重視して判断（動機論的）すると結論づけている。

第5節　児童期（6、7〜11、12歳頃まで）

1．自己と他者との関係の発達

　幼児期には、仲間との交流がさかんになるが、小学校に入るとさらに仲間たちと多くのかかわりをもつようになる。とくに8、9歳頃から青年期に入る頃までは、自分と気の合う同性の友人で、仲間意識が高く閉鎖的な仲間集団を形

表7-4 仲間関係（グループ）の発達

ギャング・グループ	児童期後半・小学校高学年によくみられるグループ。同一行動による一体感が重んじられ、独自のルールや同じ遊びを一緒にするものを仲間と考える傾向をもつ。親などの価値観よりも、仲間集団の承認を重視した行動を取りやすい。
チャム・グループ	思春期以降、中学生頃によくみられるグループ。親密で排他的な同性の仲間関係である。興味や関心を共有することから結びついたグループであって、互いの類似性・共通性を重要視し、グループへの同調傾向が強い。
ピア・グループ	高校生以上でよくみられる男女混合のグループ。互いの興味や関心が似通っているという共通性・類似性だけでなく、互いに異なる部分をもち合わせていても、自他の違いを認め合いながら友人関係を育む。

ギャング・グループ

チャム・グループ

ピア・グループ

成する（**ギャングエイジ**）。それまで養育者の評価や価値観が主な規範であったのが、仲間同士の価値観や評価が重要な位置を占めるようになる。

児童期には、小学校入学など学校を中心として子どもの社会生活範囲が格段に拡大し、心身もめざましく発達する。

2．小1プロブレム・9歳の壁

小学校に入学すると、子どもは保育園などと異なる時間割やタイムスケジュールで学校生活を送るようになる。子どもたちはこれまでの遊び中心の生活から、学びを中心とする生活に移行し、慣れていかなければならない。

昨今、就学以降の生活変化に伴う**小1プロブレム**が問題視されている。小1プロブレムは、集団行動がとれない、集中力が続かない、授業中に座っていられない、先生の話を聞けないなど、学級での授業が成り立ちにくい状態が数ヵ月間ほど継続するものである。原因として、「家庭におけるしつけが十分でな

いこと」「子どもに自分をコントロールする力が身についていないこと」があげられている（小1プログラム研究推進プロジェクト 2010）。

　また、小学校3年頃から、各教科内容が現実から離れた抽象的・科学的概念が多くなること、特定の相手との具体的な状況や日常的な言語である1次的ことばだけでなく、2次的ことば（主に就学後、不特定多数の相手に伝える、非現実的なことの理解など）が必要になるために学習につまずく子どもが増えてくる。これは**9歳の壁**などとよばれる。

（青木　智子・水國　照充）

 ブックリスト

本田美和子ら　2014　ユマニチュード入門　医学書院
乾敏郎　2013　脳科学からみる子どもの心の育ち──認知発達のルーツをさぐる　ミネルヴァ書房
イシグロ，カズオ　土屋政雄訳　2001　日の名残り　早川書房
河原紀子監修　2011　0歳～6歳子どもの発達と保育の本　Gakken
楠木新　2017　定年後──50歳からの生き方、終わり方　中央公論新社
認定NPO法人　健康と病いの語りディペックスジャパン　2016　認知症の語り──本人と家族による200のエピソード　日本看護協会出版会
小野寺敦子　2009　手にとるように発達心理学がわかる本　かんき出版

笹森洋樹・冢田三枝子・栗山八寿子編　2014　写真でわかるはじめての小学校生活　合同出版
佐藤雅彦　2014　認知症になった私が伝えたいこと　大月書店
小倉正義・岡南　2009　ギフテッド　天才の育て方　Gakken
滝川一廣　2017　子どものための精神医学　医学書院
内館牧子　2018　終わった人　講談社
渡辺弥生　2011　子どもの「10歳の壁」とは何か？――乗りこえるための発達心理学　光文社

CASE 7...

日本の作業療法の誕生から現在に至る変化

　作業療法（Occupational Therapy:以下OT）の起源を考えると、日本においてもその類似行為は存在していた。現在のようなOTは、医療・看護とは別の独立したリハビリテーション（rehabilitation：以下リハ）の専門領域として、精神病院、結核療養所、肢体不自由児療育施設などで発展してきた経緯がある。日本では、官僚や医師の欧米視察により、リハの思想が導入され、OTは、理学療法（Physical Therapy:以下PT）と共にいち早くわが国に上陸し、リハの一翼を担う専門領域となり今日に至っている。

　1963年に東京都清瀬市（国立東京病院の敷地内）を拠点に、国立病院付属リハビリテーション学院として理学療法士（以下RPT）と作業療法士（以下OTR）の養成が開始され、あらたな概念をふまえたPT・OT時代の幕開けとなった。教育は、欧米視察でリハを見聞した医師および官僚とWHOから派遣されたRPT・OTRの指導者により、3年制の専修学校として始まった。1965年に「理学療法士及び作業療法士法」が成立し、1966年に第1回PT・OT国家試験が実施され2024年で59回をかぞえる。初回の有資格者数はPT・OT合わせて20数名であったが、世の中のニーズに応え現在はPT約206,000人、OT約115,000人となり、他職種の増加数と比較しても大幅な増加を示している。

　PTの仕事内容は、身体の基本となる動作つまり「運動機能を回復させていく」、OTは、「日常生活をスムーズに送れるよう必要不可欠な動作の獲得や社会に適応し望む生活が送れる能力を回復させる」ことである。PTで行う運動の回復や移動動作の獲得を受けて、OTでは自律心を育み自立生活を営むことにつなげている。わずか60年弱のOTの歴史であるが、高齢社会や医療費の赤字問題などから、リハ支援は病院から地域活動にシフトしている。地域支援においても医療職としての知識を活用し、対象児者の自立支援が必要になっている。

　1960〜70年頃のOTは医療機関で実施され、主に骨・筋肉に対する治療と残存している能力を促進する技術の提供であった。小児分野では、脳性麻痺（cerebral palsy）と診断され症状が固定化した児童に、関節可動域の改善や福祉用具の提供等を行ってきた。1970年代後半頃からOTでは微細脳障害（Minimal Brain Dysfunction）や高次脳機能障害、協調運動障害が対象になってきた。

　1980年前後は、医療検査機器の開発や基礎医学研究による解明が進み、リハ領域では海外で検証されていた方法論・療法の導入があり、中枢神経に対する神経生理学的アプローチが導入された。小児分野では、市町村で実施されている乳幼児二次健診に心理士・PT・OTが参入し、精密検査を行い早期発見・療育につなげる地域支援事業に介入した。介護保険同様、地域支援システムが検討され始めた時期で、他職種連携という言葉が使われ、相互に関わり始めていた。

　1990年頃からは高齢化が進み、介護を必要とする高齢者の増加や核家族の進行、介護による離職者が社会問題となり、2000年には介護保険制度が創設された。医療法の改正などから

急性期リハの入院期間は短くなり、回復期リハは、期間限定の回復期病院で実施され、生活期リハは居宅から通院または地域の病院に入院して行われていた。地域に足場を置くリハは、回復期リハが重視され、PT・OTと共働職種の社会福祉士（social worker：SW）・臨床心理士（clinical psychologist：CP）・言語聴覚士（speech pathologist：ST）が参入し包括的に実施するよう変化を遂げた。

　地域社会における共生の実現に向けてあらたな障害福祉施策を講ずるために、2013年に障害者総合支援法が公布され施行された。1949年制定の身体障害者福祉法は、対象とする障害・障害者は、老齢者を除く18歳以上の視覚障害・聴覚言語障害・肢体不自由に限定され、結核・知的障害・精神障害は含まれず、「障害種別」による限定的・分断的福祉施策の原点であったが、総合支援法により障害が一元化され、「障害のある人が基本的人権のある個人としての尊厳にふさわしい日常生活や社会生活を営めるように、必要となる福祉サービスに関わる給付・地域生活支援事業やその他の支援を総合的に行う」ことを定めた法律になった。措置制度を改め、利用者がみずからの意思でサービスを選択できる利用制度になった。対象は、身体障害、知的障害、精神障害、発達障害をもつ成人と児童、難病患者の方々である。

　現在の地域支援は、高齢者は介護保険法、障害児者は総合支援法をもとに、医療機関と連携して、住み慣れた地域・家庭・学校・こども園等で生き生きと生活を送れるよう、支援計画書を作成し、各専門領域の協働で行われている。各専門職は「利用者中心」を認識し、仕事内容を相互理解して、対象児者が快適に生活を送れるよう配慮しなければならない。

　2002年には文部科学省が発達障害に関する全国調査を行い、約370校の通常学級（小中学校）の児童生徒の6.3％に特別な支援が必要という結果が出た。落ちつきがない、ルールの理解ができない、指示が理解できない、友人関係がうまくできないなど、社会性の発達に問題があるという傾向も説明されている。

　アメリカでは、大統領を巻き込んで脳の研究が推進され「脳科学」という言葉が定着し、遺伝子科学と共に研究がなされてきた。OTは専門職として人の行動・行為を脳科学と社会心理学的側面から学ばなければ成り立たない仕事である。OTは、学問としての体系化と、作業、すなわち目的をもった活動の技術と、それ以上に人間尊重の人道的精神を志して取り組まなければならない仕事である。

（福田　恵美子）

注）理学療法：PT、理学療法士：PTR

CASE 8...

作業療法の面白さ

　作業療法士として働き始めてから20年が過ぎた。この間に大学で出会った友人や先輩、先生方、新卒で勤めた総合病院の同僚や先生方、その他非常勤として勤めた病院や施設の同僚やスタッフ、大学院やポスドク時代の仲間や恩師と良い関係が続いていることを非常にありがたく感じている。おそらく作業療法やリハビリテーションが「人」にやさしく、時には厳しく、全体として面白い学問だからこそ、こうしたつながりが生まれたのだろう。

　私は学生時代から発達分野に興味があり、今は大学で子どもから大人までの成長過程や、発達障害とその支援方法について教えている。また、地域の現場に出向き、幼稚園や小学校では、先生方と一緒に障がいのある子どもたちが授業に参加しやすくなる方法や、友だちとうまく関わるための方法について話し合うなどしている。地域の児童発達支援センターにおいては、発達に不安がある子どもの保護者の相談に応じながら、楽しく作業療法を行っている。

　とくにやりがいを感じるのは、言葉が出なかった子どもが少しずつ話せるようになったり、友だちや先生とうまくやりとりできるようになる瞬間である。また、学校生活がつまらないと言っていた子どもが、学校を楽しめるようになった時にも特別な嬉しさを感じる。時には、対象の子どものお母様から感謝の手紙をいただいたり、幼かった子どもが成長して再会し、「先生、LINE交換しませんか？」と声をかけてくれることもある。発達分野では、比較的長い期間、子どもの成長と発達を見守れることが、他の専門職や学校の先生方と同じように、大きな喜びでもある。

　発達分野の作業療法では、子どもとそのまわりの大人（多くの場合は保護者や先生）が協力して、子どもが「できる」ことを増やしていく。1年ほど前、ダウン症の2歳半の男の子（以下、Aくん）を担当した。最初に会った時、Aくんはほとんど表情を見せず、自分の方にボールが転がってきても反応がにぶく、お父さんの膝に座ったり、手を引かれてようやく歩く程度であった。股関節や頸の状態を確認し、医師の診察結果を聞きながら、お母さんとカジュアルに面談を開始した。お父さんもお母さんも愛情深く、Aくんを大切にしており、今後もさまざまな社会サービスを利用していきたいと考えていたが、お母さんはAくんとの接し方に不安があるようで、お父さんに頼っている様子であった。また、Aくんはたどたどしく2、3歩歩けるものの、長い距離を歩こうとしないことも気がかりだった。

　そこで、私はまずお母さんに抱っこの仕方や食事時の姿勢、Aくんの発達に合った遊びを実際に見せながら伝えることにした。3回目のセッションでは、Aくんが私やボールに反応を示し、4回目にはプレイトンネルで勢いよくハイハイするようになった。全身を使った遊びを通じて股関節まわりの安定性を高めることができると、Aくんは自発的に歩き回るようになり、5回目や6回目のセッションでは、お母さんから「あじさい祭りに行ってきました」、「〜に連れて行きました」、「途中何度も休憩も入れながらだといいようでした」などと

家族でのお出かけの話が聞かれるようになった。Aくんの活動レベル（歩行）が、家族との外出を楽しむ参加レベルに結びついた瞬間に、作業療法士として「よし！」とはじめて感じることができるのである。

　子どもに支援が必要とされる保護者からの相談は本当にさまざまである。最近気になるのはインターネット上の大量の情報やSNSの影響である。先日、作業療法を希望されたお母さんは「○ヵ月…○○できました～！」など他人のSNS投稿が気になってしまう、と打ち明けてくれた。どうしても気になってしまい、スマホで何時間も調べてしまうそうだ。その結果、幼稚園の先生やママ友の話も素直に聞けなくなることがあるらしい。SNSには偏った情報があることや、そもそも自分の子どもと他人の子どもを比べなくて良いことを伝え、丁寧にお母さんの悩みを聞き、お子さんの身体、認知、社会面の発達状況を評価した。さらには、今の発達段階を理解し、どう育んでいくかを一緒に考えながら、地域の児童館なども活用できることをお伝えした。現代日本では、孤独に子育てをしているお母さんも多い。そのため、まわりの人や地域の方々と協力しながら子育てをすることの大切さも一緒に伝えることにしている。

（塙　杉子）

Chapter 8
生涯発達心理学（2）
：青年期から老年期まで

かつて、発達心理学では、発達は成人でピークを迎えると考えられてきた。しかし、近年、加齢による人の一生涯の変化プロセスを含み、人は生涯を通して変化・成長を続けるととらえられている。人は青年期以降、死に向かってどのような道をたどるのだろうか。

第1節 青年期

　青年期とは一般的に、第2次性徴の発現など身体的成熟から始まり、20歳頃にかけての社会的成熟までの期間をいう。学校と社会との合間の心理社会的モラトリアム（猶予期間）として、さまざまな役割の試みが許される期間である。

　中学生の時期は、親や友人とは異なる自分の内面に気づき、自意識と客観的事実とのギャップに悩む時期である。親への反抗から会話ややりとりが少なくなり、性に対する関心も高まる。この時期は身体的、心理的、社会的変化が急激であり、不安定な状況に陥りやすい。

　一方で、社会的成熟が遅くなり身体的成熟が発達加速現象にあることから、10～30歳頃までを青年期とする考え方が一般的になりつつある。

アイデンティティの獲得

　乳幼児期以降、子どもは親や教師など周囲の大切な者に憧れ、同じようになりたいと願う、同一化を通して自我を形成していく。

　これにくわえ、家族・家庭から仲間、学校へと人間関係が拡大し、「両親に対しての自分」「仲間に対しての自分」「学校のなかの自分」など自己概念が分化していく。その結果、児童期までの自我の経験や認識について疑問に感じ、「自分はこうありたい」という理想自我と、実際の自分である現実自己のギャップや矛盾に苦しむことがある。

これらの複雑な自己概念を統合する営みが、いわゆる、自分探し、**アイデンティティ**（**自我同一性**）である。**エリクソン**は青年期の発達課題（→第7章）を「アイデンティティの獲得」とし、それができない状況を「アイデンティティの拡散」とした。

　アイデンティティとは、「自分が自分であること、その自分が他者や社会から認められているという感覚」「自分とはどんな人間なのか、何になりたいのか」をいう。たとえば、家族のなかの自分、クラス、部活動や仲間の一員として、ジェンダーにおいて、他者との関係性から、自分とは何者なのかを問いかけ、葛藤しながら自己を確信してゆくのである。

第2節　成　人　期

　成人期初期は、青年期の解決すべき課題を残しながら、これまで模索し獲得した多様な価値観や信念を現実的に試み、社会的自立へ向かう。

　具体的には、職業選択や結婚・出産など生活のなかで、その後の**ライフコース**（＝年齢ごとに異なる役割や出来事を経ながら、個人がたどる人生行路：Elder 1977）に関係するライフイベントを経験し、さらなる価値観や信念の再考・修正が求められる時期でもある。近年、個人の選択範囲は飛躍的に拡大し、結婚しない者、子どもをもたない者、正規雇用という働き方を選択しない者など価値観も多様化している。

1．働き方とキャリア：大人としての発達・ライフイベント

　大人とはどういうことか、というエリクソンの問に、フロイトは"Work

and Love"と答えたという。職業選択や進路選択、どのような仕事をどのようなスタイルでするか、という具体的な働き方のスタイルは、生涯にわたって続く重要なテーマである。昇進や昇格、人間関係、転職、退職勧告や人員整理、定年退職による社会的役割の喪失など労働環境から受ける影響も大きい（Schein 1978）。あわせて、職を得てから定年までには、結婚や子育て、介護などのライフイベントも続く。

　一方で、若年層の社会人・職業人としての資質・素養の欠如、その背景にある精神的・社会的な自立の遅れが問題視されている。具体的には、人間関係をうまく築けない、意思決定ができない、自己肯定感がもてず将来に希望を感じられない、希望進路や目的意識が希薄なまま進学し、就職しても長続きしないなどがあげられる。これが長じて若者のなかに**モラトリアム**（自分探し）の傾向が強くなり、「フリーター」や「ニート」、新卒者の早期離職を表す「七五三現象」などが多くみられるようになった。

　そのため、文部科学省は、少子高齢化社会、産業・経済の構造的変化や雇用の多様化・流動化、同一企業で定年まで雇用され続ける終身雇用制度の慣行の消滅など、就業に関する環境の変化を受け、学校教育での**キャリア教育**を義務づけるに至っている。（2006年学校教育法改正）。

【トピックス：人間関係と在宅ワーク】約100年前に実施されたホーソン工場研究は職場において「生産性をあげるには何が必要か」をテーマに実施され、「賃金などの物理的な環境条件ではなく、自主性や信頼関係など人間関係、動機づけが生産性に影響を与える」という結論を得た（→第2章参照）。

　短時間労働が疲労を少なくし、能率化に結びつくのでなく、個人の自発的な仕事への取り組みと、それを承認する人間関係が高い生産性を生む。人間関係のなかには、上司と部下の関係性、同僚とのかかわり、職場に自分の居場所があると感じられる帰属意識、社会的欲求の充足などが含まれるだろう。

　近年の在宅ワークの増加は、通勤時間を減らし、家族との時間を増加させ、ネット環境を通して職場と関わり、コミュニケーションをとれるという点では仕事の効率化につながっているようにみえる。

　しかし、「テレワークにまつわるストレスに関する変化（テレワーク・リモートワーク総合研究所　2021）」によると、調査対象となった約40％が在宅ワークにおけるストレスを感じているという。とくに他者とのコミュニケーションで非言語的メッセージを得にくい、相談をできず孤独を感じやすいなどの問題がある。

　さらに、在宅ワークは、他者からの視線を感じず、マイペースで仕事に取り組むという点で社会的促進（→第5章）は期待できない。また、コロナ禍以降、明確なルールなく「突然」始められた在宅ワークは、仕事の手順が不明瞭で、職場の誰が何をしているか見えにくい。

毎朝の「スーツに着替える」「通勤電車に乗る」など仕事に取り組むためのプロセスが省略されるなど、家にいる時間と働いている時間のオン・オフ切り替えが難しい。仕事時間の管理が難しく、長時間労働になりやすいなどの問題もあるようだ。

2．バーンアウト・シンドローム（燃え尽き症候群）

　仕事に懸命に取り組み、努力してきたにもかかわらず、成果や報酬が得られずその結果、疲労や欲求不満の状態に陥ることを**バーンアウト・シンドローム**という。バーンアウト・シンドロームは、看護職や福祉職、教員などの対人援

助職に多くみられたことから研究が始められた。しかし、現在では他の職業や、子育てを生きがいとしている主婦などにも同様の症状が確認され、大きな仕事をやり遂げたあとに生じる疲労感や無気力感なども含めた広い概念としてとらえられている。

【トピックス：若年性レビー小体型認知症】レビー小体は、異常なたんぱく質が脳の神経細胞内に蓄積されたものであり、主に脳幹に現れるとパーキンソン病、大脳皮質にまで広く及ぶとレビー小体型認知症と診断される。1976年に小阪憲司らが報告し、95年に「レビー小体型認知症」と正式な病名がつけられた。

75〜80歳くらいの年齢に多くみられ、男性の発症率は女性の約2倍とされる。初期の段階で本格的な幻覚（とくに幻視、ネズミが動き回っている、子どもがベッドの上にいるなど）が現れやすいのが特徴で、うつ症状・誤認妄想・パーキンソン症状に伴う手の震え・手足や筋肉のこわばり、動きの鈍さ、小股歩行などの運動障害なども引き起こす。また、日や時間帯によって、頭がはっきりしている状態とボーッとしている状態が入れ替わり起こるなども観察され、うつ病に間違えられやすい。また、若年性アルツハイマー同様に高齢でなくとも発症する場合がある。

「私の脳で起こったこと　レビー小体型認知症からの復活」（2015ブックマン社）の著者、樋口直美は41歳でうつ病と診断を受け、以後6年間その治療を継続していた。しかし、後に若年性レビー小体型認知症と診断され、「認知症とついた病気は、1度発症したら回復することはない」という常識を自身の経験から覆している。

バーンアウト・シンドロームになりやすい人の性格特徴に、仕事が順調に進んでいる時は、かなりの成果をおさめられるが、1度の小さなつまずきで、一気に気力を失ってしまうなど、完璧さを目指す傾向が認められている。そのため、自分が達成してきたこと、できることに焦点を当て、自己を肯定的に評価するなどのストレスコーピングが求められる。

3．中年期の危機

ユングは人を太陽の動きにあてはめ、成人期中期を人生の正午と呼んだ。

人生の前半では仕事や家族を得る、社会や外的世界への適応が最重要とされるが、太陽がこれから沈む正午過ぎ、人生の過渡期ともいえるこの時期に、人の意識は自分の内的世界である個性化や自己実現、自分の納得できる生き方に向けられる。これまでの人生の目標を改めて見直し、人生前半にもっていた意味や価値観を転換し、あらたな人生の再構築に取り組むとともに、人生の後半をどう生きるかを問う時期となる。

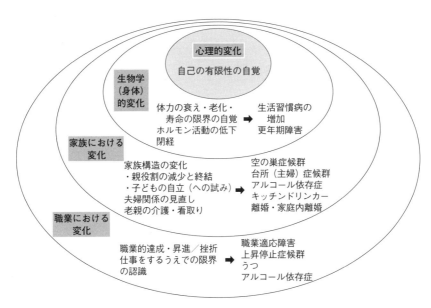

図8-1　中年期危機の構造（岡本2002より作成）

40〜60歳頃に相当する成人期中期は、人間の人生の折り返し地点でもあり、あらゆる面で若さの喪失を感じる時期でもある。これまでの上り調子での発達が、一転し、老眼、聴力・記憶力・運動能力の衰え、体力の低下や疾患・生活習慣病、白髪やしわなどの容貌の変化など老いをイメージさせるものにとって代わる。また、女性ではほぼ45〜55歳の時期に閉経を迎え、いわゆる更年期症状とされる疲れやすさ、抑うつ等の気分の変動などの心身症状も現れる。いずれの場合も永遠に若い自分に別れを告げ、老いていく自分を肯定的に受容する必要が生じてくる。

　仕事での終身雇用制・年功序列の崩壊、先端技術や情報化や変革など昨今の職場環境の急激な変化が、ストレスや職場不適応をもたらすこともある。責任のある立場や役割も心理的ストレスの原因になりやすい。

　育児をしてきた人にとっては、子どもが青年期から成人期を迎え巣立っていく時期でもある。子どもが親離れを始めた後の母親の親役割の喪失を原因とするさまざまな心身の不調は「空の巣症候群」ともよばれる。

【トピックス：障害受容】交通事故で身体の一部を失う、疾患等により社会生活を営む上で必要な能力を失った時に、人間は一時的な混乱状態に陥る。後に、その障害を含めて自分自身であることを認め「現在の自分」を受け入れるプロセスを**障害受容**といい、日本では主にナンシー・コーン（ショック→回復への期待→悲哀→防衛→適応）とブルース・フィンク（ショック→防御的退行→承認→適応と変化）の段階理論が用いられているが、いずれも障害受容の過程は共通している。

①ショック期：発症・受傷直後であり、現実に起きていることが理解できない、自分自身が置かれている状況の判断ができないというような衝撃を感じる。

②否定期：自分自身に起きていることを否認し、すぐに治るだろうと期待する心理ともしかしたら障害が残存するかもしれないという疑いを強める。

③混乱期（悲嘆）：徐々に現在の状態や状況を現実的に理解しはじめ、自分の価値がなくなり、すべて失ってしまったと感じる。

④葛藤期：前向きな努力の必要性を感じ、残存する自己の能力に目を向けるようになる。

⑤適応：障害を受け入れ、障害は自分の個性のひとつであり、それによって自分の価値がなくなることはないと考え始める。少しずつ、他者との交流も積極的になっていく。

子育てに追われ、互いに父親・母親役割として築いてきた夫婦関係も、子どもを通してでなく、夫婦間そのものの精神的交流が求められる時期がおとずれる。さらに、近年の親子関係のひずみや、老人介護、定年後の夫とのあり方を含めた夫婦関係に葛藤を感じる女性も増加している。どのような立場でも、中年期はこれから先の地位やみずからの能力の限界がみえ始める頃であり、心身ともに問題を抱えやすい。

エリクソンの発達課題「世代性と停滞」において、他者と体験を共有するなど、お互いの存在の尊重から個人のアイデンティティが深まり、より豊かなものになる。さらに、情緒的相互性が個人の孤独感を軽減させ、みずからの存在に活力を与える。世代性では、他者の世話や仕事などを通して若い世代に自分の価値観を伝え、個人のアイデンティティがより深く広く複雑な関係性に位置づけられる。青年期と中年期のアイデンティティの確立、および再構築は人生のなかでももっとも重要なものとして位置づけられている。

■ 第3節 老 年 期

エリクソンによると老年期の発達課題は「自我の統合と絶望」である。自我の統合とは、人生を良いことも悪いことも含めて、自分にとって唯一無二の人生であると、これまでの人生を肯定的・積極的に受け入れることである。

1. 喪 失 経 験

老年期はさまざまな喪失経験を踏みながら、衰退へとすすむ時期である。記銘力や想起力の低下、注意力や集中力の保持の困難さ、運動機能の低下など、心身機能の衰えは罹患率を高める。また、日常生活での不都合が増加し、周囲に依存せざるをえないことで自尊心が傷つくことも多い。

主な喪失経験に**社会的役割の喪失**がある。職業人の多くは60〜65歳で定年退職を迎える。また、死もひとつの喪失体験であり、友人や配偶者を失うことによる孤独や不安、悲嘆、さらに、彼らを通して意識せざるをえないみずからの死への恐怖なども含まれる。

　キューブラー・ロス（Kübler-Ross 1969）は、末期疾患で余命わずかとされた人への調査から、**死の受容**に至るまでの5段階を明らかにした。

　①**否認**：自分の余命を知り、それが事実であるとわかっているが、あえて、死の運命の事実を拒否し否定する段階、②**怒り**：なぜ自分がこんな目に遭うのか、死ななければならないのかという怒りを周囲に向ける段階、③**取引**：条件をつけて死の回避の可能性を探り、死の受容を考え、取引を試みる。神（絶対的なもの）にすがろうとする段階、④**抑うつ**：取引が無駄と認識し、運命に対し無力さを感じ、失望し、ひどい抑うつに襲われ何もできなくなる段階、⑤**受容**：希望ともきっぱりと別れを告げ、死んでいくことは自然なことなのだという認識に達し、心に平安が訪れ「死の受容」へと至る、とするものである。

　一方、残された者たちは、喪の作業（モーニングワーク）として、抗議、絶望、離脱という3段階を経ると説明した。

　近年では、衰退・喪失で老年期を特徴づけるよりも、これまでの経験を英知として活かし、ボランティアや社会生活への貢献など、この年齢だからこそできることを評価し、老化のプロセスへの幸福な適応を意味する**サクセスフル・エイジング**（Baltes & Baltes 1990）が強調されている。

2．人生をふり返る

1963年、アメリカの精神科医のバトラー（Butler）は、高齢者が過去を思い出しがちなのは現実逃避であり、老化の始まりであるという当時の考え方をくつがえし、死が近づく認識から自然に引き起こされる人間の正常な過程であると主張した。これまでの未解決な葛藤を意識し、ふり返り、受け止めて過去と折り合いをつけみずからの人生に統合感を得ること、単に思い出すだけでなく、思い出しているその時の経験が重要な機能であり、人生の要約がなされ、死に対する準備ができるとし、この作業を「ライフレヴュー（みずからを語るという意味での広いナラティブ）」として概念化した。

【トピックス：百寿者研究からみえてくるもの】100歳以上の高齢者は95,119人とされ（住民基本台帳2024）、うち女性は88.3%を占めている。広瀬ら（2002）は100歳の高齢者（以下、百寿者）に対して、BigFive理論（→第6章参照）に基づくパーソナリティの調査を行っている。

百寿者は、若い人に比べ男性は開放性が高い。開放性の高い者は、好奇心が旺盛で、新しいことを受け入れられるという特徴がある。生きていくなかで、罹患や疾患による後遺症、自然災害など自分自身や周囲の環境が大きく変化した時に、開放性の高さは適応しやすさにつながる。

女性は外向性・開放性・誠実性が高い。誠実性の高さは、人生の目標を設定して社会にうまく溶け込むことができ、健康で長寿であると理解される。たとえば、「○○○をすると健康に良い」など、運動の大切さを知ると、それを継続して実践できるのがこのタイプである。アメリカでの類似研究でも同様の結果が得られており、性格もまた健康に長生きできる要因のひとつであると推測される。

栄養状態の向上や医療技術の進歩などで百寿者は増加傾向にあり、2050年には約50万人（国立社会保障・人口問題研究所推計）になると予測されている。政府は長寿社会を見据え、有識者を集め教育や雇用、社会保障制度のあり方などを議論する「人生100年時代構想会議」を2017年9月にスタートした。

外向性：社交的・活動的
開放性：創造的・好奇心旺盛
調和性：思いやり・周囲に合わせる・依存心が強い
誠実性：意志が強い・几帳面・頑固
神経症：不安の強さ・敏感さ

図8-2　現在の100歳高齢者の傾向

現在では、この考え方を、高齢者に関わる多くの専門職が「回想法」として、治療やケアに取り入れている。回想法は、認知症患者などでも比較的保たれている長期記憶を活かせることや、個人の経験や思いを尊重できることから注目されている。

3. 認　知　症

　認知症は、後天性で慢性の経過をたどり、意識清明な状態で起こる広範な高次機能の低下を伴う症候群で、日常生活遂行が困難になるものである。①アルツハイマー型認知症、②レビー小体型認知症、③血管性認知症の３つを総称して、"三大認知症"とよばれる。

　また、近年、認知症の早期発見のために注目されているのがMCI（軽度認知障害）である。MCIは、健常高齢者と認知症患者の中間の状態を指し、記憶、決定、理由づけ、実行などのうち１つの認知機能に問題があるものの、日常生活には支障がない状態のことをいう。MCIを放置すると認知機能の低下が継続し、認知症にまで症状が進展する人の割合は年平均10％といわれる。

　たとえば、何を食べたかを忘れるのは、単なる物忘れだが、認知症の場合、

軽度認知障害（MCI）とは
認知症の前段階で、記憶力や注意力の低下がみられる状態

記憶障害

計画を立てて
実行することができない

注意力や集中力の低下

無気力

表8-1　認知症状と行動・心理症状（山口 2016）

	レビー小体型認知症	アルツハイマー型認知症
初期の症状	幻視、妄想、うつ	もの忘れ
主な症状	注意障害、視覚認知障害（幻視）、パーキンソン症状、意識の変動	認知障害（記憶障害が中心）
特徴的な症状	幻視、認知の変動、睡眠時の異常行動 40歳前後〜高齢者に多い	物盗られ妄想、徘徊、異食 75歳代、女性に多発
経過	アルツハイマー型と比較し10倍も寝たきりになるのが早い	ゆるやかに進行する

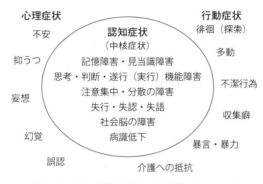

図8-3　認知症状と行動・心理症状（山口 2016）

食事をした体験そのものを忘れてしまう（記銘障害）。机、椅子など身近なことばが出てこない失語もたびたびみられる。症状の経過に伴い「あれ」「それ」などの代名詞での発語が増加し、意思疎通が困難になることもある。今日がいつで、ここがどこなのかが理解できない見当識障害や、運動機能が損なわれていないのに衣服の着脱、歯磨きなどの日常動作を忘れるなど、抽象的思考の障害のため物事の合理的な判断ができないなど不都合が生じやすい。

　認知症には、中核症状（認知症で必ずみられる）として、記憶障害、認知障害（失語・失行・失認）、実行機能障害がある。しばしばみられる周辺症状はBPSD（認知症の行動・心理状態）とよばれ、不眠、徘徊、異食、過食、心気症状、抑うつ状態、物盗られ妄想、攻撃などさまざまなものが含まれる。

　その評価には長谷川式簡易知能評価スケールなどが用いられ（第6章参照）、

治療・対処法は原因により異なり、音楽療法、回想法などの適切なリハビリテーション、レクリエーションなどを通した他者との交流の促しなどがある。また、認知機能の改善、進行の緩徐化などの効果を期待し、認知機能改善薬投薬治療などが行われている。

（北川　公路・青木　智子）

CASE 9...

がん終末期医療と連携とお金のはなし

　がん終末期医療は「どこでサービスを受けるか」によって経済的負担が異なる。介護保険制度がなかった20年以上前であれば、在宅で過ごす方が、医療費も介護・福祉サービスも断然安価であった。しかし、今では、年代や病気の経過、公費負担に関する書類のある・なしで、費用負担に差が生じる。

　私たち地域で活動する訪問看護師は、医師や医療職などと連携して訪問看護サービスの利用者のケアをするのが主な仕事だ。依頼があればすぐに駆け付け、患者と家族にとって「望ましいケア」を探すのも役割の一つである。

　Nさん（72歳）は半年前にがんと診断され、現在は多臓器に転移があり、余命2ヵ月程度と言われている。「入院はイヤ、自宅で最期まで過ごしたい」と切願しているNさんは、夫と二人暮らしで、子どもを授からなかった。夫婦で「会社」をわが子のように大切に育て、築き上げてきた。ところがNさんの病気を機に、夫は彼女の分まで仕事をし、帰宅後は介護に追われ、生活も身体もギリギリだった。それでも、「彼女が入院すると毎日自由に会えない。家にいてくれるとそれだけで安心だ」と言っていた。

　ある日、Nさんは自宅で身動きがとれず、ケアマネジャー（以下、ケアマネ）を通して、訪問看護の依頼をした。早速、Nさん宅に駆けつけた私は、

①Nさんのがんの痛み、脳転移による吐気など、病状の進行に伴う状態悪化と見立てた。

②痛みには医療用麻薬の調整が必要で、現在の月1回の総合病院の受診では不十分である。

②訪問介護での清潔援助を希望されていたが、脳転移による脳圧亢進の諸症状ではベッド上で清拭や更衣のための体位変換は負担だと推測された。

③排便コントロール不良のため週2回程度の訪問看護、福祉用具の調整を含むリハビリ等の介入が望ましいと思われた。

　これらのことから、Nさんのケアには、訪問診療医・訪問薬剤、訪問入浴、訪問看護・リハビリテーションの導入が最適ではと提案した。

　すると、Nさんは「お願いします」、夫も「在宅で最期まで看てやりたいのでお願いします」と答えた。そして、契約となったその時、夫は「こんなに金がかかるなら、入院させたい。支払いたくない。在宅療養がこんなにお金がかかるなんて聞いていない。自分の生活を優先したい。仕事だって大変なのに、こんなにお金なんてかけてられない」と声を荒げたのである。なぜ、このような事態になったのだろうか。

　Nさんは72歳の前期高齢者であり、治療・介護に伴う自己負担割合は医療保険2割、介護保険1割になる。訪問看護医療保険と介護保険は併用できないため、要支援2のNさんが「介護保険」を使うと、訪問介護週2回、訪問看護週1回、福祉用具の利用はまかなえても、訪問入浴は全額自己負担になってしまう（注：介護認定には、要支援1・2、要介護1〜5までがあり、段階によって利用できるサービスに上限がある。上限を超えた場合のサービスは全額自己負

担になる)。

　ところが、Nさんの場合、がん末期であるため「医療保険」の適用対象となり、費用負担は2割になる。通常、がん末期であれば最初から「医療保険」が適用されるが、ケアマネはこのことを理解できていなかった。また、夫は「介護保険」1割負担のまま、さまざまなサービスを受けられると思い込んでいたのである。

　「医療保険」で一定額の治療を受けると「限度額認定」が適用されるが、いったんは所定金額を支払いしたあとで還付される。となると、自己負担の上限額を考えても、月々10万程度は準備しなければならない。

　「それなら、さっさと入院してほしい。その方が安いし、自分の身体的負担も少ない」と夫は主張し、「金がかかるサービスはとっとと帰ってくれ!」の一点張りだった。

　最終的に訪問看護は撤退した。夫が、不正である1割の費用負担「介護保険」の継続を選択したのである。夫の強い主張にケアマネが折れたのだった。

　訪問看護師は、ケアマネと介護系事業者に今後に起こりうる身体変化(疼痛の悪化と排便コントロール不良に伴う諸症状)と対策を説明し、①訪問診療・訪問薬剤には「介護保険」を選択した経済状況と薬剤選択、救急搬送になる可能性と時期、現在の身体状態から腸閉塞の危機が近いことを伝えた。②総合病院の担当医・外来看護師・連携室には経済的課題、近日中の状態急変、夫の介護放棄などの理由から搬送される可能性について事前に連絡をすませた。撤退後、私はケアマネの相談役を務めることにしたのである。

　仮に、夫婦が「医療保険」でのケアを選択すれば、経済的な負担はあったとしても、Nさんの麻薬による痛みのコントロール、緊急時の訪問看護、在宅での看取りも叶ったはずだ。しかし、夫婦が選んだ「介護保険」では、ケアマネが立案したケアプラン以上のことは実施できない。このため、病態の急変時など臨時対応もすべてケアマネの許可が必要となり、最終的には緊急搬送になる。介護保険では日々の経過を見ながら、痛みや排せつなどの困難さに適材適所で介入ができないことも多く、患者に我慢を強いる場面も少なくない。

　患者の利益や望ましいケアを追求するために連携は必須である。互いの職業特性を理解して、カバーし、制度や支援の隙間から患者・家族が取りこぼされないように支援を組み立てる、それが専門職である。一方で、マンパワーにはお金が必要であり、高額だからと専門職すら拒否するユーザーもいる。Nさんの夫が追い込まれていたのは本当に経済的な問題だったのか? その背景の心理的な要因は何だったのか?みなさんはどう考えるだろう?

(濱本　千春)

Chapter 9
さまざまな発達の形

発達にはかなりの個人差がある。ここでは、さまざまな発達上の問題、心理的不適応の代表的なものを取り上げ、解説していく。

第1節　知的障害（知的能力障害・精神遅滞）

　知的障害（知的能力障害：精神遅滞）とは知的発達の障害をいう。DSM-5では、**知能検査**（IQ）だけでなく、より具体的な日常の行動や生活・学校適応度（日常生活能力、社会生活能力、社会的適応性）から判断される。これには、たとえば、食事の準備・対人関係・お金の管理などが含まれ、後に社会生活を営むための重要な要素となる。IQ70〜85の者は、境界知能（グレーゾーン）とされ、知的能力障害には該当しないが、支援が必要なことがある。

　症状が重ければ幼いうちに気づかれ、軽いと診断も遅くなる傾向にあり、幼児期には言葉数が少ない・理解できる言葉が少ないなど「言葉の遅れ」が診断の手がかりになる。

　一般に、病理的な知的障害以外の場合、1歳6ヵ月、3歳児検診で気づかれることが多い。積極的に周囲と関わることを苦手とするため、かかわりの少なさが、さらなる発達の遅れを引き起こすこともある。このため、子どもの状態

表9-1　心理的不適応に関する基準と考え方（金城 2016より一部改変）

統計	ある心理的機能について平均を中心とした分布において（＝正規分布）極端に偏った状態にあるか否か。例）知能指数は100を中心とした正規分布をしており、標準偏差15の幅から知的能力障害の位置がわかる
適応	学校や職場など社会に適応している状況であるか否か。例）ひきこもり、不登校は社会への適応が十分でない状況にある
価値観	法律、道徳などの規範に基づく。社会通念上問題になるか否か。例）アルコールの過剰摂取による嗜癖、覚せい剤乱用など
精神医学	精神医学における判断基準。例）DSM-5、ICD-10に基づき診断される自閉スペクトラム症などの定型発達、非定型発達、統合失調症などの診断

表 9-2　知的障害（精神遅滞）

軽度知的能力障害　IQ69〜50：就学まではとくに遅れに気づかれないことも多い。小学校の勉強にはついていける。中学校の勉強は困難を示しがちだが、成人後は簡単な仕事に就くことができる。簡単な読み書きや買い物の計算などは可能だが、金銭のやりくりや子育てなどは難しいことがある。
中等度知的能力障害　IQ49〜35：歩けるようになるのが3歳頃であることが多く、運動機能も遅れがちである。普通の会話は可能だが、読み書き・計算は難しい。食事や入浴、衣服の着脱は自立。成人後の自活は困難だが、指導者下で簡単な作業などはできる。多くが器質的原因を有する。
重度知的能力障害　IQ34〜20：訓練や練習により、自分で自分のケア（食事・トイレ）はできるようになる。簡単な挨拶や会話は可能で、運動機能の遅れはあるものの、学童期になれば歩くこともできる。常に監督・保護が必要であり、器質的病因をもつ。
最重度知的能力障害　IQ20未満：言語的交流は困難だが、見慣れた人は覚えており、喜怒哀楽の表現は可能。運動機能の遅れも顕著で、多くが歩行不可能である。重い身体症状やてんかん発作、運動障害、神経学的症状を有している。常に他者の援助が必要である。

や障害特性に応じて、今の困りごとの解決、将来の自立と社会参加を目指した**療育**、就学における特別支援学級・学校などでの就学支援が大切になる。

多くの問題行動は、周囲の環境に適応できないことで生じるため、環境調整は非常に重要である。運動などの活動が望ましく、これによりストレスが解消

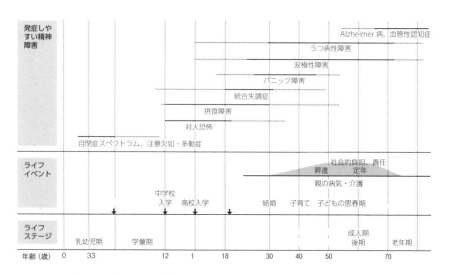

図 9-1　ライフステージ、ライフイベントとその問題（野村・樋口監修 2016）

され、問題行動の減少に結びつくこともある。また、対応には行動療法的な方法が用いられることが多い（→第1章）。

第2節 自閉スペクトラム症（ASD：Autism Spectrum Disorder）

　自閉症やアスペルガー障害（＝広汎性発達障害）は、その症状の特徴の有無の境界が明確に線引きできず、連続したグラデーション（自閉の度合い）があると仮定し、DSM-5 では自閉スペクトラム症（ASD:Autism Spectrum Disorder）とよぶ。

　これらの障害をもつ人の脳の実行機能は、定型発達とは生まれつき異なり、情報の受け取り、理解、整理、関連づけ、判断、行動計画を立てるなど認知プロセスのいずれかに問題があるとされる。乳幼児期から児童期に明らかになる中枢神経系（脳と脊髄の総称）の機能障害、または遅滞である。どの能力に関係する障害であるかによって**自閉スペクトラム症**（**ASD**）、**注意欠如・多動症**（**AD/HD**：Attention-deficit/hyperactivity disorder）、**限局性学習症**（SLD：Specific learning disorder）などに分けられる。

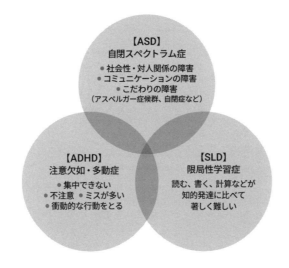

【トピックス：発達障害と自閉症スペクトラム障害】文部科学省は、自閉症スペクトラム障害について、現在でも発達障害という名称を用いている（「発達障害」の用語の使用について　平成19年3月15日）。このため、特別支援教育でも、発達障害者支援法（最終改正平成28年6月3日）にある内容が反映されている。文部科学省（2022）の調査は、通常学級に在籍する小中学生の約8.8%に発達障害の可能性があると明らかにしている。つまり、35人学級であれば3人の割合で発達に問題のある子どもがいることになる。

1. 自閉スペクトラム症（ASD／自閉症、アスペルガー症候群・広汎性発達障害）

自閉症（ASD）の研究は、アメリカの精神科医カナー「情緒的交流の自閉的障害」（Kanner 1943）、オーストリアの精神科医アスペルガー「自閉的精神病質」（Asperger 1944）に始まる。

当初は、ASDが親の養育の問題、スキンシップの欠如など後天性のものであると考えられていたが、1960年代後半に、ラター（Rutter）が先天的脳機能

表9-3　自閉スペクトラム症の特徴

乳児期	・アイコンタクトが難しい、あやしても笑わない ・感覚過敏（抱っこなど身体接触を嫌がる、音や光に過剰反応する） ・他者に興味がない、人見知りが激しい ・指差しなどの自然な行動（共同注視）が難しい
幼児期	・多動傾向がある ・聴覚情報（耳）よりも、視覚情報（目）の方が理解しやすい ・物や手順へのこだわりが強く、予期しない事態や変化が生じた時にパニックになりやすい ・他者の興味関心に注意を向けて共有することが難しい ・心の理論の獲得（誤信念課題：他者の気持ちの理解）が遅い ・集団の場に入ろうとしない、苦手である
児童期	・状況や雰囲気、表情から他者の感情を推測することが困難 ・比喩や皮肉、冗談を理解できず、文字通りに受け止める ・状況や相手の立場などにかかわらず、思ったことを口にしてしまう ・ルールの理解が難しい、もしくはルールに過剰なこだわりがある
青年期以降	・他者との協働、臨機応変さを求められる作業への困難さ ・全体の流れや見通し、将来についてのイメージをもちにくいために、自分の適性にあった進路や職業選択が難しい

社会性と
対人関係の障害

行動や興味の偏り

コミュニケーションや
言語の発達の遅れ

障害であると明らかにした。1980年代には、ウィング（Wing）が、ASDである自分の娘を観察し、①対人関係、②言葉、③想像力、の3つの本質的な問題（ウィングの3つ組）を指摘し、現在でも自閉症定義に用いられている。

ASDは、言葉の発達が遅れ、相手が言った言葉や単語をオウム返しにくり返す**反響言語**や、立場によってあなた／私などの言葉を変えられない人称の逆転、抑揚に乏しい一本調子の話し方など特徴的な言語発達の障害がある。

言葉を正確に理解しようとする反面、皮肉や比喩などを理解できず、不器用さをあわせもつ場合も多い。他者への関心がないのではなく、相手の心を視線や表情、身ぶりなどの非言語的情報を通して直感的に理解すること、第3者の視点から物事をとらえることなどを苦手とする。このため「サリーとアンの課題」（図7-4）への正答が難しい。

これにくわえ、日常習慣の変更への強い抵抗、特定の物事、手順、知識、感覚に対する強いこだわり、予想外の事態に対する混乱、見通しを立てられない、考えや気持ちのリセットが難しいなどの傾向がある。また、知覚過敏で特定の音を避けようとするなど、認知にも特徴がみられる。

2．注意欠如・多動症（AD/HD/ 注意欠陥多動性障害）

AD/HDは目標を設定する、計画を立てる、優先順位を決める、柔軟に注意を切り替える、行動をふり返ることなどを苦手とする。これらは、実行機能、すなわち行動の判断や欲求の制御をつかさどる脳機能の問題のためである。

座っていても手足や身体を動かす、じっとしていられない、おしゃべりなど

の**多動性**、離席する、順番を待てない、他者の行動を中断させる・割り込むなどの**衝動性**がみられる。

　さらに、興味のあることには没頭できても、関心のないものには集中が向かない、注意の持続が困難、注意散漫で話を聞いていないようにみえる、宿題などの課題を達成できない、忘れ物が多いなどの**不注意**がある。これらの特徴は、周囲の刺激が少ない場合には目立たないが、複数の指示を受ける・判断を迫られる場面などでは、処理すべき情報が増加することから現れやすい。

3．限局性学習症（SLD/学習障害）

　知能の全般的な発達水準は正常範囲にあるにもかかわらず、「文字は読めるが、書けない」「数は書けるのに計算ができない」など読む・書く・計算するといった特定の能力の習得と使用にのみ困難さがある。できることとできないことに偏りがあり、集中力の欠落や運動能力の遅れ、対人関係のつまずきなどがみられることもある。

　読みの障害では、たとえば、ひらがなの「め」「ね」などの読み違えや、「p」「q」の区別がつかないため単語が正確に読めない、1行飛ばして読んでしまうなど文を滑らかに読めない、読んでも内容が理解できないなどの特徴がみられる。

　書くことの障害では、鏡文字などに代表される、正確に書く、原稿用紙のマス目に収まるように書くことが難しいなどの困難がみられる。また、仮に数字や計算が得意でも、文字や文章が苦手な場合、計算はできても文章題が解けないなどの問題が生じやすい。

いずれの場合も、単なる治療だけでなく、それぞれの発達領域について的確に評価し、教育をあわせた**療育**を幼児期から行うことが重要である。苦手なことをできるようにするための目標設定を行い、達成に向けた家族と各専門家との協力が望ましい。

具体的には、提示する情報を限定し、雑音を排除するなど気が散らない環境を設定し、単純化した課題を視覚的に理解しやすい方法で教えるよう努める。あわせて、本来の障害、すなわち1次的な問題であるSLDでなく、本人の努力不足などとみなされ、不登校などの2次的問題が生じる可能性への予防的対応も重要になる。

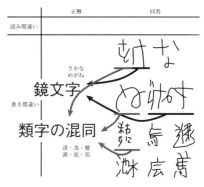

図9-2　読み書きの障害例

第3節　虐待とアタッチメント

　子どもは安定した愛着を発達させるために、敏感で反応的な養育者を必要とする。しかし、虐待等により特定の人（養育者など）への愛着の形成に失敗した場合、①反応性アタッチメント障害：養育者に対して滅多にアタッチメント行動を向けず、他者への社会、感情的な反応性が欠如する、②脱抑制型対人交流障害：見慣れない大人に対しても、躊躇なく交流する特徴がみられることがある。いずれも、社会的ネグレクト（育児放棄）、すなわち乳幼児期の適切な養育の欠如が診断の必須要件であり、少なくとも子どもは9ヵ月程度の発達年齢で、5歳以前から症状が認められ、自閉スペクトラム症の診断基準を満たさない場合に診断される。

　さまざまな障害が生じるが、いずれも、発達の遅れ、とくに認知および言語

虐待
- おびえさせる
- 罵声を浴びせる
- 学校に行かせない
- きょうだい間の差別
- 「お前なんか生まれてこなければ良かった」
- 殴る・蹴る・つねる
- 子どもへの性交
- 食べ物や飲み物を与えない
- 首を絞める

【トピックス：雨でも水やり──当事者研究に見る自閉症の世界観】ニキ・リンコさんは、30代でアスペルガー障害（ASD）と診断され、「俺ルール」（2005　花風社）などで、当事者として内面を語る活動を積極的に行っている。

　子どもの頃、学校は「勉強するところ」と教えられていたリンコさんは、学校の当番も勉強の１つだと思っていた。小１時にはじめて与えられた当番は、掃除であり、「当番＝掃除」と理解していた。

　ところが、子どもたちには、しだいにさまざまな当番が割り当てられるようになる。リンコさんは、掃除当番＝机を動かし、床を拭く、給食当番＝牛乳を運ぶ、黒板当番＝黒板を消す、水やり当番＝花壇に水をあげるなどどれにも共通性がないため、どれも「当番」だと理解できなかった。

　各当番に意図や目的があることもわからず、幼稚園で習った振り付けのようにまわりを見て、その動きを覚え、当番としてすべき役割を果たしていた。当番とはその手順を正しく遂行することだと思っていたのである。

　ある日、水やり当番になったリンコさんは、初日に先生が見本で使った蛇口右から２番目でじょうろに水をくんだ。先生が教えてくれなかったため、どの蛇口を使ってもいいと知らなかった。

　この日は雨降りで、雨に濡れるのはいやだなと思いながら習った手順通り、気をつけながら水やりを粛々とこなしていた。すると遠くから担任の先生のどなり声が聞こえてきた。

　「なんだろう？　今のところ間違っていたかな。姿勢が悪かったのかな？　腕が曲がっていたのかな。困ったな……」

　近づいてきた先生は、なにやらどなっている。内容が理解できずにぽかんとしている

と、何度も言いなおしてくれ、
「雨の日に水やりをする必要はなく、水やり当番を休んで早く帰宅する」
ということがわかった。雨の日は水やりがさぼれるとわかり、このうれしい情報はリンコさんの印象に強く残った。

数ヵ月後、水やり当番の日に雨が降ったため、リンコさんは大喜びで帰宅した。その日は教室内の植木鉢に水をあげる当番だったが、機械的に「雨の日は水やり当番は休み」と覚えていたためである。彼女は花壇で先生に怒られた時、その理由を考えなかった。花壇が雨の水で濡れているから水やりが必要ないとも思いつかなかった。家の花壇で母親が水やりをしているのも、植物に水が必要であることも知っていた。しかし、それらが結びつかなかったのだ。

ここにASDの外界認識の特徴が現れている。そして、リンコさんの語る体験は、私たちの彼らへの接し方にヒントを与えてくれる。

の遅れや常同症なども伴うため、症状からだけでは自閉症スペクトラム障害や知的障害との区別が難しい。

　虐待する側には、生育歴、精神疾患、経済的困窮、夫婦関係の不和や暴力などの問題があり、複合的な結びつきが虐待につながっているとされる。また、くり返す言葉による侮辱や暴言をしつけなどと考え、これらが虐待に該当すると無自覚であることも多い。

　また近年では、むしろ積極的に自分を放置・放任する、「自分自身による自分自身へのネグレクト」、**セルフ・ネグレクト**も問題視されている。

　セルフ・ネグレクトとは、「生活において当然行うべき行為を行わない、あるいは行う能力がないことから、自己の心身の安全や健康が脅かされる状態」をいう。たとえば、無自覚なゴミ屋敷に住むなど極端に不衛生で、みずからの身体のケアや治療も怠り、地域社会でのサポートや支援も拒否したままなどの例（孤独死など）がみられる。毎年２万人にのぼる孤独死の約８割は、セルフ・ネグレクトが要因であるともされ、アメリカでは、高齢者虐待のカテゴリーに含まれ全米での実態調査も行われている。

第3節　虐待とアタッチメント

【トピックス：Mちゃんの育ちと虐待】Mちゃんは本当のお母さんを知らない。今のお母さんが来たのは、彼女が4歳の時だった。小1の時に家を締め出されて泣きながら近所を歩いているところを警察官に保護され、児童相談所に連れて来られた。Mちゃんは毎日同じ服装で、異臭もし、学校の担任もネグレクトを心配して自宅に連絡したこともあるという。

Mちゃんは家で継母に「おまえなんかいらない」「死ね」「Mは本当のお母さんに捨てられた」と言われ続けていた。児童相談所でMちゃんは「お母さんがしらんぷりする」「お父さんは長距離トラックの運転手で家にいない」「お父さんとだけで暮らしたい」と語った。両親が養育困難を訴えたため、後にMちゃんは同じような境遇の子どもがあつまるグループホームで生活するようになった。

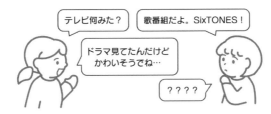

彼女の字は鏡文字や画数が多いものが目立ち、国語のノートのマスに合わせた大きさで字を書くことができなかった。教科書を行飛ばしで読み、今、どこを読んでいるのかがわからなくなる。算数で九九をマスターできたのは小3の終わり頃だった。注意散漫で食事中に立ち上がりうろうろし、突然、関係ないことを言い出すなど仲間との言葉のキャッチボールも難しかった。そのせいか学校では友だちもいない。忘れ物も多く、ランドセルを学校に忘れて帰ってきたこともある。音や振動に敏感でトラックが通りすぎる音や地震に異常に怯える様子もみられた。児童相談所のアセスメントでは、知能指数はボーダーと確認されていた。

ホームの施設長は、Mちゃんの行動を愛着に問題がある虐待児特有の行動特徴ではないかとも、Mちゃんが難しい子どもだったからこそ、継母は虐待的な行動に走ったのではないかとも考えている。

Mちゃんが知的にボーダーではなく、自閉スペクトラム症の疑いも抱いているが、Mちゃんの言動が「愛着障害」「自閉スペクトラム症」いずれを原因とするのか、いまも考え続けている。

表9-4　虐待の4分類 (厚生労働省)

身体的虐待	殴る、蹴る、投げ落とす、激しく揺さぶる、やけどを負わせる、溺れさせる、首を絞める、縄などにより1室に拘束する　など
性的虐待	子どもへの性的行為、性的行為を見せる、性器を触るまたは触らせる、ポルノグラフィの被写体にする　など
ネグレクト	家に閉じ込める、食事を与えない、ひどく不潔にする、自動車のなかに放置する、重い病気になっても病院に連れて行かない　など
精神的虐待	言葉による脅し、無視、きょうだい間での差別的扱い、子どもの目の前で家族に対して暴力をふるう(ドメスティック・バイオレンス)　など

第4節　コミュニケーション障害

　言語には言語知識が音声に変換された話し言葉と、音韻や文字に関する知識、言葉の意味、文法などの知識(言語知識)がある。言語障害は、これらの両方、もしくは一方の障害をいう。

　語音症／語音障害(音韻障害)は、言語能力は正常な水準でありながら、声を出して言葉を組み立てることが難しい。言葉として声を組み立てるには、語音(言葉の音)を正確に理解し、会話のための呼吸や発声が正常にできなければならないが、サ行がタ行になるような置換、「トランプ」が「ランプ」になるなど音の省略、「ダメダ」が「ダエダ」になる子音の脱落、「イス」が「イシュ」になるような音の歪曲などがある。また、きれいな発音ができない**構音障害**も知られる。

　吃音／小児期発生流暢症（障害）は、いわゆる、滑らかに話すことを苦手とするどもりといわれる状態で、語音の反復・音声のつまり・伸びた発音などの症状が見られる。幼児期に発症し、原因のわからない発達性吃音、青年期以降に発症し、ストレスや脳卒中など脳や中枢神経損傷による獲得性吃音の2つのタイプに分けられる。子どもの吃音の多くは8歳頃までに自然になくなるが、それ以降も継続する場合は、言語療法士（ST）などからの訓練が望ましい。

　これにくわえ、家では普通に話ができるのに、学校や幼稚園では1日黙って話をしない、ある一定場面でのみ口をきかない状態を**選択性緘黙**（場面緘黙）といい、生活の全場面で話さないことを**全緘黙**という。

第5節　摂食障害

　摂食障害は、主に、極端な食事制限と著しいやせを示す神経性やせ症

（AN：Anorexia Nervosa）と、むちゃ喰いと嘔吐や下剤乱用など体重増加を防ぐ

【トピックス：ドメステック・バイオレンス＝精神的虐待】クライエントのK美（35歳）の結婚生活が暗転し始めたのは結婚2ヵ月後、夫に学生時代の親友たちとの女子会の話をした時からだった。夫は「合コンするつもりだろう。俺をバカにするのか！」と怒り出し、テーブルの上のものを床にたたきつけた。

　3歳下の夫とは出会って3ヵ月のスピード結婚だった。夫は優しく甘えん坊で、それまで言葉を荒げたこともなかったため、K美は驚いたが「1人での夕食は寂しい。K美がいてくれないとどうしていいかわからない」と言う夫のために女子会参加を断った。後にK美は親友M子に、その時の気持ちを「『夫には私が必要。私はとても愛されているんだ』と思った」と語った。

　以来、夫の嫉妬はエスカレートし、K美の仕事中にもLINEや電話がしょっちゅう入ってくるようになった。K美宛の結婚招待状はいつのまにか夫が破り捨て、実家に遊びに行こうとすると「離婚したいのか」となじられた。会社の飲み会があった夜は玄関にチェーンがかけられ、家に入れなかったこともあった。仕事を続けることに限界を感じたK美は、夫の希望もあり退職し、専業主婦になった。すると夫はさらにエスカレートし、頻繁に自宅に電話をかけてくるようになり、K美が出ないと「どこへ行っていた！」と怒鳴り散らした。買い物のレシートはすべてチェックし、「1日をどう過ごしていたか」報告させた。K美が「どうしてそこまでしなければいけないのか」と意見すると「だれが稼いだ金だと思ってる！」と、夫は逆上した。

　友人の集まりに顔を出さなくなったK美を心配し、K美宅を訪れたM子は、話を聞き、自治体にあるドメスティック・バイオレンス（DV）相談に行くことを勧めたが、K美は「夫を怒らせた自分が悪い」「殴られたり蹴られたりしているわけではないから」と拒んだ。

　M子に何度も説得され、DV相談に出向いたのはそれから半年後だった。DV相談のなかでK美は、身体暴力がなければDVに該当しないと思っていたこと、お金を稼いでいる人の機嫌をとることは当たり前だと思っていたこと、暴言を吐いたり、暴れたりした後には夫が優しくなることから、「もう1度だけ信じてみよう」のくり返しになっていることなどを涙ながらに語った。

　DV相談員はK美に対して①身体的暴力だけがDVではない、②配偶者からの暴力の防止及び被害者の保護等に関する法律（DV防止法）に基づくさまざまな支援が受けられる、③まずは安全な場で休養する時間をとることの必要性、などを説明した上で継続的なDV相談を受けるよう促した。

第5節　摂食障害

ための代償行動をくり返す神経性過食症
（BN：Bulimia Nervosa）の２つのタイプがある。

　基本的特徴に、体重や体形に関して、正常体重の最低限の維持を拒否し、絶食もしくは大量に食べてしまい自分でコントロールできない、食べたものを自分で嘔吐する、利尿剤ややせ薬を使用するなど体重の増加を強く恐れ、自己の身体の形や大きさの認知の歪みなどが認められる。

　心の症状として、人前で食べることの恐怖・心配、自分が無能であるという感情、自分の周囲の環境をコントロールしたいという欲求、柔軟性のない考え方、完璧主義、自発性や情緒的な感情表現の制限などが著しく、食べ物に関係しないものにまで強迫観念が及ぶこともある。

　拒食症の低体重は死に直結する。また、過食嘔吐は血液中の電解質のバランスを崩し、心臓に影響を与えるため突然死につながりやすい。ホルモンバランスの異常から生理が止まり、成長のストップ、骨粗鬆症の原因にもなる。さらには脳の萎縮が生じるなど、身体に与えるダメージは大きい。

　摂食問題は、自分なりの価値観や人間関係の構築が求められ、親離れしアイデンティティを確立することと関係が深いとされる。高い自尊心は食行動のコントロールを促すが、低い効力感は食行動の異常に結びつくことが多い。これらの理論に基づき、摂食障害に対する積極的な治療として対人関係療法、認知行動療法、家族療法などが行われている。自助グループへの参加も有効である。

第6節　アルコール依存：薬物依存

　精神作用物質とは、本来は生体内には存在しない物質（アルコール・覚せい剤など）が体内に入り、脳に影響を及ぼすことで生じる障害である。物質の直接の影響で生じる特異的な精神神経症状（**物質中毒**）、物質使用をコントロールできず、過度な使用や違法に使用する状態（**物質依存**）に分けられる。日本のア

ルコール依存症患者数は推計107万人（2013年厚生労働科学研究）であり、他の物質については調査の困難さからデータは得られていないが、近年、危険ドラッグおよび睡眠薬等（処方薬）の依存は増加傾向にあるとされる。

　アルコール依存症は本人だけの病気ではなく、家族全体を巻き込んで苦しめ、影響を受けるものである。あわせて覚せい剤や違法ドラッグを原因とする事故・事件が増加しており、アルコールを含む精神作用物質の摂取は社会問題としてもとらえられている。

　近年、あらたな問題として、10〜20代のあいだで医薬品・市薬品等の決められた用量を守らずに過剰摂取（過量服薬）する**OD**（オーバードーズ）の急増がある。これまでの違法薬物と比較して女性に多く、非行歴が少ないなどの特徴がある。スマートフォンやSNSの普及に伴い、これらの情報は容易に得られ、誤った情報などからODを試みる者が少なくない。

　一般には、入手しやすい市販薬を過剰摂取することで、幻覚や精神の興奮状態が生じ、不安やストレスから解放されるとされ、学校や職場など人間関係、家庭の悩みを抱えている若者に広まりをみせている。しかしながら、感情的苦痛の緩和という効果は一時的で、ODをくり返し、結果として薬のさまざまな成分の過摂取による深刻な中毒症状を引き起こし、死亡事故につながりかねない。リストカットなどの自傷行為に類似した危険な行為だといえよう。

（青木　智子・木附　千晶・水國　照充）

【トピックス：アディクション〜ネットゲームにはまったＳ男】アディクションとは、依存、耽溺するという意味であり、代表的なものとしてアルコールや薬物問題などがあげられる。いずれもみずからの意思でアディクション行動を止めることは難しく、回復には多くの時間を費やさねばならない。近年、若い世代を中心としたアディクションに、ネットゲーム依存がある。

　大学生Ｓ男（21歳）は、「……ゲーム上で知り合った仲間と協力して強力なモンスターを倒した爽快感と達成感はたまらないです。仲間との冒険で足を引っ張らないようにするためにも、ゲームキャラクターのレベル上げは欠かせません。でも、キャラクターのレベルがいくら上がっても装備品が弱ければ意味がない。強い武器や防具を手に入れるためには、リアルマネー（現実のお金）を使います。僕の場合は親からの仕送りをかなり使いました。総額４、50万円くらい…今では１日のほとんどをパソコンの前で過ごしています。外出はほとんどしません。食事は家にあるものを少し食べるだけであんまりお腹は空かないですね。ずっとハイになっているというか。以前は一睡もしないまま大学へ行っていたのですが、今ではほとんど大学へは行かなくなりました」と語る。

　彼が大学生活よりも大切にしているのが、ネットに接続されたPCでのロールプレイングゲームだ。Ｓ男によれば、ゲーム上の仲間は小学生から主婦、学生、フリーターから自営業者まで幅広い。そのなかでも貴重なアイテムを身にまとい、常時ゲーム上に神のように君臨し、どのプレイヤーからも一目置かれているような存在を「廃神」というらしい。Ｓ男も、実は「廃神」とよばれている。実生活では廃人、ネット上では廃神というわけである。

　ゲーム依存症はICD-11（2022）においてインターネットやゲームに没頭して、生活や健康に支障をきたす状態「Gaming disorder（ゲーム行動症）」としてあらたな精神衛生疾患と認定されている。

📖 ブックリスト・映画リスト ··························

吾妻ひでお　2013　失踪日記2　アル中病棟　イースト・プレス

東田直樹　2014　跳びはねる思考　会話のできない自閉症の僕が考えていること　イースト・プレス

小道モコ　2009　あたし研究　クリエイツかもがわ

黒川祥子　2014　誕生日を知らない女の子　虐待——その後の子どもたち　集英社文庫

宮岡等　内山登紀夫　2013　大人の発達障害ってそういうことだったのか　医学書院

西原理恵子　2010　西原理恵子×月乃光司　おサケについてのまじめな話——アルコール依存症という病気　小学館

岡田尊司　2011　愛着障害——子ども時代を引きずる人々　光文社文庫

鈴木大介　2014　最貧困女子　幻冬舎新書

〈スタンフォード監獄実験〉エクスペリメント　2010（独）／es　2001（独）

〈集団〉新感染　2016（韓）

〈若年性アルツハイマー認知症〉明日の記憶　2006（日）／アリスのままで　2014（米）／私の頭の中の消しゴム　2004（韓）／アウェイ・フロム・ハー君を想う　2007（カナダ）／半落ち　2004（日）

〈アルコール依存〉酔いがさめたら、うちに帰ろう　2010（日）／　28DAYS　2000（米）／男が女を愛する時　1994（米）

C A S E 10 ...

不登校対策としての心理と福祉

　先日、20年来の友人から相談があった。「今、娘は高校2年生なのだけれど、大学で心理学を勉強したいというので、相談に乗って欲しい」というのである。こうした相談は心理学の教員だった10年前までは頻繁にあった。その頃は臨床心理士から公認心理師への移行時期でもあったので、心理学の勉強と資格について喧しかったことを覚えている。

　心理士資格といえば、臨床心理士だけであったといっても過言ではない時代であった。「臨床心理士」の肩書きがあれば、心理の仕事ができると思われていたのだが、残念ながらそうではない。この資格は民間の任意団体の資格であったため、カウンセリングの仕事を必ず手に入れられるというものではなかった。しかし、この名称は人の心を扱う仕事をしたいという人には魅力的な名称であって、大学の受験人口が減少する状況にあっては、心理学科、心理学部などの名称をつけることで受験者数の増加が見込まれ、各大学がこぞって教育学部や人文学部（文学部）に心理学関係の学科を新設・増設していった。

　今や臨床心理士は激減し、ほとんどが国家資格である公認心理師を取得するに至っているのを考えると隔世の感がある。私のまわりの心理士たちを見ると両方の資格をもっている人が多い。なぜ、そういった現象になったかといえば、ある時期に文部科学省が一気に公認心理師を増員させるために、心理学の勉強をほとんどしてこない人、心理検査をまったく知らない人も公認心理師資格を手に入れることができるようにしたからだった。公認心理師の勉強をしてこなかったとしても精神保健福祉士など福祉関係の国家資格をもっている人が多かったのであるから、必ずしも心理や福祉に対してまったくの門外漢であった人たちというわけではない。こうした心理職と福祉職がごちゃ混ぜになった状況の背景について、不登校を例にあげて説明しようと思う。以前から言われているように不登校児童数は増加の一途をたどり、公認心理師のスクールカウンセラー（心理）だけではなくスクールソーシャルワーカー（福祉）も増員されたのだが、不登校児は減らない状態が続いている。

　私のクリニックにも不登校問題（幼稚園児～大学生）をかかえた人たちがやってくる。心理職と福祉職がどのように扱っているか周囲からはあまりわからないかもしれないのだが、悩める人たちに対する対応方法を提示することで、違いの一端を理解していただければと思う。このような形の説明を考えたきっかけは、かつて臨床心理士を希望して大学院を受験してきた学生に志望動機や不登校児童にどのようにアプローチしていくかを尋ねた時、半数近い受験生が福祉的対応を語っていたように思ったからである。それはひとまず置いておき、かつて不登校は学校恐怖症と呼ばれ、神経症のカテゴリーであったことはよく知られている。その後、家庭問題、学校問題など心理学的にとらえられるようになり、心理カウンセラーが対処することになった。不登校児とカウンセラーが向き合い心理療法、心理検査などが行われ、認知行動療法などの手法も用いられている。ある時期から、別室登校やフリースクールの利用など福祉的手法もさかんに用いられるようになった。つまり学校制度から見れば、欠席し

ても出席扱いである。神経症は疾病であり投薬もしばしば行われるが、心理職や福祉職は投薬をできるだけしないようにしたいという考えが強いので、小学校6年間ずっと家にこもっていた子どもに親もカウンセラーも薬を飲ませない方が良いと言っていたが、私が少量の薬を処方したことで、外出できるようになった子どももいた。その子は不安障害が顕著だったから緊張をほどいたのである。

　心理職と福祉職が主にカウンセリングを用いるのに対して、医師はカウンセリングも用いるが、薬物治療が特徴だと思われやすい。このため、不登校に対して薬物かカウンセリングかという二者択一になりやすい。では心理的と福祉的とではどのように違うのだろう。福祉心理的などという表現も少なくないようである。福祉は門外漢であった私は、福祉とは何かと友人に問うたところ、彼は明快に答えてくれた。「福祉とは幸せ、幸福のこと。ところが日本語では福祉に何か言葉がくっつくと、たとえば児童福祉とか老人福祉となると、制度の意味になる。幸せはどこかに行ってしまう」と教えてくれた。

　つまり、不登校を福祉的に考えるとは学校制度以外で子どもを受け入れるということになる。では心理ではどうか。脳と心に分けると心の領域となり、心は何かと答えるのは難しいが、福祉が制度から見るのと同じように、心理から不登校を考えると知能の発達と身体の発達から考えるとよいのかもしれない。適応や個と集団の問題として福祉的と心理的の両面からの対処も求められる。これに医療を加え、三者の共同作業が不登校対策には必要であり、心理職の役割がより見えやすくなる。

（阿部　惠一郎）

「公認心理師の資格取得方法について」（厚生労働省HP）
https://www.mhlw.go.jp/content/001004937.pdf

Chapter 10
心理療法の理論と実践

　心理的問題の解決や改善をはかるために、カウンセラーがクライエント（相談者）に対して行う働きかけのひとつが**心理療法**である。
　第1章での学習理論に基づく行動療法、第6章でのパーソナリティに関係する精神分析をはじめとし、その数は数百種類にのぼるとされる。各心理療法の背景理論、クライエントの抱える問題をどうとらえるか、アプローチ方法も異なる。本章では、数ある心理療法のうち代表的なものを中心にその理論と技法について紹介する。

第1節　精神分析（Psychoanalysis）

1．防衛機制

　精神分析は、1890年代後半から1930年代後半にかけて、オーストリアの精神科医**フロイト**（Freud）によって提唱された心理療法である。人の心を**エス**（イドとも呼ぶ）、**自我**、**超自我**の3つの領域に分けて考える。
　エスは無意識を指し、性的エネルギーや破壊の欲求など本能エネルギーが渦巻くと考える。自我は外界を認知し、エスの欲求充足を調整する役割をもつ。超自我は、両親からの要求や禁止が内面化された道徳的規範や倫理観のことを指す。自我は、エスと超自我のあいだで、外界と無意識、超自我を調整する役割があり、調整時には自我を守るために**防衛機制**を働かせることもある。
　たとえば、エスから「おなかがすいた」という欲求（欲求原則）が自我に上ってくる。自我は欲求を実現させようとする（現実原則）が、実現する前に、超自我からの確認を得なければならない。超自我が社会的ルールとして、「今は授業中だから食べてはいけない」と命ずると、自我は「食べる」という行動を起こさず、まるで食欲がなかったかのように我慢したり（抑圧）、カバンの中にある飴をなめて食欲を一時的に満たす（置き換え）などでエスからの欲求をごまかす。これが、防衛機制である。自我はエスからの欲求を満たせなかった

ことで傷ついた状況に置かれることになる。

つまり、私たちの「○○したい」という欲求は、自我によって、そのまま行動化されるのでなく常に超自我の確認を得て行われ、欲求は防衛機制などの影響を受け、必ずしもそのまま行動化されるわけではない。

精神分析での心理病理の発症メカニズムは、自我を守るための防衛機制が逆に事態を悪化させて不快な情動を引き起こし、自我がさらに別の防衛機制で自

表10-1　心理療法・創始者・特徴

精神分析	フロイト	意識、無意識、自由連想法、夢分析、超自我、防衛機制
分析心理学	ユング	（ユング心理学）個人的無意識、普遍的無意識
個人心理学	アドラー	（アドラー心理学）劣等感
来談者中心療法	ロジャース	非指示的、自己実現、自己の一貫性、傾聴、共感的理解
論理療法	エリス	心理的問題や生理的反応は、出来事や刺激そのものではなく、それをどう受け取ったかという認知を媒介として生じるとして、論理的（rational、あるいは合理的）な思考が心理に影響を及ぼすことを重視した。出来事（A）、ビリーフ・信念（B）、結果（C）のビリーフ（B）のうち、非合理的なイラショナル・ビリーフを論駁するABC理論を特徴とする
行動療法	ウォルピ	（系統的脱感作法）不安階層法：古典的条件づけに基づく
		（行動変容法）オペラント条件づけの知見から、適切な行動を形成・消去する →　強化法、シェイピング法、セルフ・コントロール法
		（応用行動分析）オペラント条件づけに基づく
	シュルツ	（自律訓練法）リラクゼーション、自己催眠
認知行動療法	ベック	認知の歪み、自動思考、思考記録法
内観療法	吉本伊信	浄土真宗「身調べ」――静かな部屋に一定期間こもり、外界とのやり取りを制限し、自分とかかわりの深い人を思い出し、①してもらったこと、②して返したこと、③迷惑をかけたことを想起
森田療法	森田正馬	あるがまま、絶対臥褥、日記指導
交流分析	バーン	エゴグラム、自我状態（PAC）、脚本分析
サイコドラマ	モレノ	ロールプレイ、集団精神療法
マインドフルネス	ジン	仏教や禅の考えをベースとし、意識的に、今この瞬間に、判断せずに、あるがままに意識を向けることで得られる気付きを重視。瞑想

表10-2　主な防衛機制

抑圧	苦痛な考えや感情が意識にのぼらないように無意識の領域へ閉め出す。 例）好きになってはいけない人を好きになった時、その人に会わないようにする。
合理化	自分のとった行動を正当化して、情緒的な安定を保とうとする。言い訳。 例）取れなかったブドウを「すっぱいから取らない」と理由をつける。
反動形成	本来自分が抱いていた欲求や衝動とは逆の振る舞いをする。 例）自分の敵意を抑え、逆にへりくだった態度で相手に接してしまう。
置き換え	欲求や衝動を、別のものに向ける。 例）失恋した時、相手からのプレゼントをその人だと思ってゴミ箱に捨てる。
昇華	社会的に受け入れられない欲求や衝動を、社会的に受け入れられる形に変えて表出する。 例）日常の不満をスポーツで発散させる。
逃避	不安を感じさせる状況から病気になったり空想などに逃げ込む。 例）学校に行きたくないという気持ちが無意識に働き、朝になると腹痛が起きる。
退行	より未熟な発達段階のふるまいをする。 例）弟が生まれて、今までしっかりしていた兄が指しゃぶりやおねしょをしてしまう。
投影 (投射)	自分のなかにある考えや感情を認めず、それらを他者へ投げかける。 例）自分が他者に対して憎しみを抱いているのに、それに気づかずに相手が自分を憎んでいると考える。
同一視	自分にないものをもった他者のようにふるまう。 例）親のようになりたいと無意識に親と同じ行動をする。
知性化	感情を感じることを避けるために、物事を表面的に理解しようとする。 例）自分の欲求を直視せず、知性的な態度で専門用語を乱用したり、難しい話をして、一見満足しているかのように見せかける。

我を守ろうとするものの、不快な情動が病的に強まることが一因とされる。

　精神分析では、無意識の葛藤を意識させることを治療目標とするため、フロイトは当初、催眠法を用いてこの試みを行った。しかし、後に、クライエント（＝相談者）が思いついたことを自由に語らせ、無意識の葛藤を表出させる**自由連想法**を考案した。また、フロイトは夢にその人の無意識が現れると考え、クライエントに夢を報告させる**夢分析**も治療に用いた。

2．転移・逆転移

　フロイトは、治療中にクライエントが治療者に向けてくるさまざまな感情から転移についても説明した。転移は、クライエントが治療者に対して抱く理想

化や依存欲求、甘えなどプラスの感情である**陽性転移**と、怒りや憎しみなどのマイナスの感情、陰性転移に分けられる。

反対に、治療者がクライエントに抱く転移現象を**逆転移**という。これらの感情は治療者が幼少期に父親や母親に抱いていた、つらい感情や欲求などが未解決のまま、対象をクライエントに置き換えて向けられたものである。治療における阻害因子にならないよう治療者は常に逆転移を意識し、自身の自己洞察を深めなければならない。

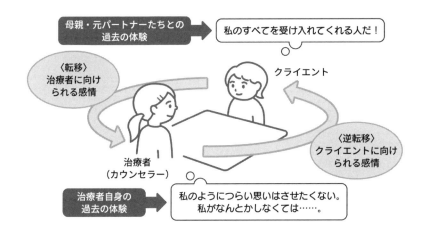

3．その後の精神分析

精神分析は、後にフロイトの娘、アンナ・フロイトはより自我の働きを重視した**自我心理学**を、さらにフロイトの患者であった**クライン**（Klein）は心を個としてみるのではなく、その者の自我と他者（対象）の関係から考える**対象関係論**を提唱した。愛着理論（→第7章）のウイニコット（Winnicotte）は、中間学派として対象関係論の考え方をさらに発展させている。

また、アンナ・フロイトの弟子であったエリクソンはアメリカに渡り、自我発達論やアイデンティティの概念で知られるようになった（→第7章参照）

普遍的無意識（→第6章）を主張したユング（分析心理学）、人間の行動の源は

劣等感にあると考えたアドラー（Adler）は、一時期、共にフロイトのもとで学んでいたことから、この3人をまとめて精神分析の3大巨匠とも呼ぶ。

■■ 第2節 | 来談者中心療法

1940年代にアメリカの臨床心理学者**ロジャーズ**（Rogers）が提唱した。当初は**非指示的精神療法**とよばれていたが、これは当時の精神分析の解釈や指示的療法などに対して、「指示を与えない」という特徴が強調されたためである。

来談者中心療法では、人間は誰もがその内側に自分を立て直し、成長させる力があるととらえており、これを「自己実現に向かう傾向」とよぶ。このため、クライエントの心理的問題に対する考え方や感じ方などの本人の能力を尊重することが心の健康回復に重要だとしている。

1. 自 己 一 致

クライエントに治療的なパーソナリティ変化を起こすには、クライエントに接する治療者の態度③**自己一致**、④**無条件の肯定的配慮**（受容）、⑤**共感**（表10-3）の3条件を必須だとした。

人は実際の自分、理想の自分に差がありすぎると、今の自分を受け入れられられない自己不一致の状況に陥る（図10-1：不適応）。この状態では、本来の自分の考え方や、自分らしい行動をとることが難しい。このため、自己概念（＝理想の自分）と実際の経験（＝現実の自分）を一致させ、差を埋める必要があ

表10-3　パーソナリティ変化の必要十分条件（Rogers 1957）

① 2人の人が心理的に接触している。
② クライエントは、傷つきやすい状態（不一致の状態）である。
③ カウンセラーは、この関係のなかで統合されている（一致している）。
④ カウンセラーはクライエントに対して、無条件の肯定的配慮を経験している。
⑤ カウンセラーはクライエントの内的照合枠を共感的に理解していることを経験しており、またクライエントにこの自分の経験を伝えようとしている。
⑥ カウンセラーの共感的理解と無条件の肯定的配慮をクライエントに伝えようとしていることが、最低限達成されている。

る。

　治療者はクライエントの自己を一致させるため、治療においてクライエントに「ありのままの自分でもいい」ことを自覚させる。心理的に不適応状態にあるクライエントが、治療者とのやりとりから自身の経験を受け入れ、両者の重なりを大きくする（図10-1：成功後）ことが心理的適応につながる。

　悩み、苦しんでいるクライエントはみずから問題を解決する力を失っているとし、治療者が寄り添い、クライエント自身が問題解決できるようにサポートするのが来談者中心療法の考え方である

2．エンカウンター・グループ

　1960年代以降、ロジャーズは、第2次世界大戦終了後、アメリカに帰還した軍人の社会復帰を目的とし、健康な人を対象としたグループ・アプローチ、**エンカウンター・グループ**を開発した。

　エンカウンターとは、「出会い」を意味し、10名前後のメンバーと、1、2名のファシリテーター（促進者）から構成される集団心理療法の1つである。

　ファシリテーターはメンバー相互の率直な話し合いを安全にできるようにサポートする。課題の設定などはせず、メンバーの自主性を尊重しながら進行する。その目的は、メンバー相互の関係による対人関係の進展や個人の成長にある。後にこの方法は、アメリカを中心として世界各地で大きな広がりをみせた。

　来談者中心療法での人間の自己実現傾向や主体性を尊重する立場は、人間性心理学ともよばれ、精神分析、(認知)行動療法と並ぶ代表的な心理療法である。

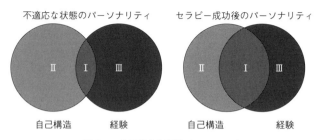

図10-1　自己概念と経験（Rogers 1967）

第3節　認知療法(Cognitive Therapy)・認知行動療法

　行動療法（→第1章）は、数々の動物実験をもとに発見された学習、すなわちオペラント条件づけ、レスポンデント条件づけから編み出された心理療法である。一方で、行動療法が対象としなかった人の認知（思考）に注目したのが認知療法、もしくは認知行動療法である。

　行動療法は、刺激が反応を引き起こすことを前提とするが、認知療法は、人が刺激を受け止めた時の「認知」が反応を左右すると考える。そのため、認知に働きかけることで、不快な感情や不適切な行動を改善しようとする取り組みである。認知に注目した先駆的な取り組みは、エリス（Ellis）の**論理療法**にみることができる。

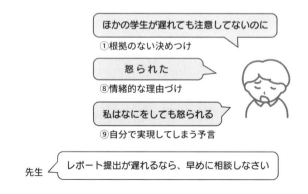

ベック（Beck）は精神科医としてうつ病者を治療するなかで、彼らに共通する認知の歪みの存在を見出し、心理的問題は、その人がその状況をどのように認知したかによって引き起こされると主張した。うつ病者は一様に、自己・世界・将来について悲観的にとらえており、こうした思考の様式が**認知の歪み**に由来するとした（表10-4）。

ここでの認知とは、その場その場で頭に浮かぶ考えやイメージ（自動思考）を指す。心理的問題を抱えるクライエントの場合、自動思考が偏った物事のとらえ方（認知の歪み）に陥っているため、これを修正し、不快な感情を伴う心理的問題の解決を試みる。

具体的には、**思考記録表**を作成し、不適切な自動思考を適応的な思考に書き換えていくことで、不快な感情を変化させる。なお、**認知行動療法**とは、先に述べた行動療法と認知療法の2つを起源とし、認知の歪みの修正と行動変容を目指している。

認知療法の介入は、クライエントの自動思考を明確化しながら、そこから生じて起こる感情を思考部分とは分けて理解していく（例：怒りを感じた場面）。通常、自動思考は短文で「なんで無視するんだ。こっちは挨拶しているのに」、感情は「怒り」のように単語で示す。

表10-4　**特徴的な認知の歪み**（大野2004より一部修正）

①根拠のない決めつけ	証拠が少ないままに思いつきを信じ込むこと
②白黒思考	物事をすべて白か黒かという極端な考え方でわりきろうとすること
③部分的焦点づけ	自分が着目していることだけに目を向け、短絡的に結びつけること
④過大評価・過小評価	関心のあることは拡大してとらえ、自分の考えや予想に合わない部分はことさらに小さくとらえることもある
⑤べき思考	「こうすべきだ」「あのようにするのではなかった」と過去のことを思い出して悩んだり、自分の行動で制限して自分を責めること
⑥極端な一般化	少数の事実を取り上げ、すべてのことが同様の結果になるだろうと結論づけてしまう
⑦自己関連づけ	何か悪いことが起きると自分のせいで起こったのだと自分を責めてしまう
⑧情緒的な理由づけ	その時の感情に基づいて、現実を判断してしまう
⑨自分で実現してしまう予言	自分で否定的予測をたてて自分の行動を制限してしまう。その結果予想通りに失敗する。その結果、否定的な予測をますます信じ込み、悪循環に陥る

第3節　認知療法（Cognitive Therapy）・認知行動療法

例：怒りを感じた場面

> ### 友人が私の目の前を素通りした→腹が立った（怒り）
>
> 　怒りや悲しみなどのいわゆる情動とよばれる強い感情は、多くの人々が意識しやすいが、この場面でも必ず自動思考は存在している。
>
> ### 友人が私を素通りした→［なんで無視するんだ、こっちはあいさつしているのにひどい］→腹が立った（怒り）
>
> 　［　　］で示されている箇所が自動思考である。上の例は怒りを引き起こす自動思考だが、これが以下のような自動思考の場合、どのような感情がわき起こるだろうか。
>
> ### ［どうせ私は誰からも相手にされないんだ］
>
> 　おそらく、悲しみや落胆、虚しさという感情が喚起されるだろう。このように、自動思考が私たちの感情に与える影響は非常に大きい。

> **【トピックス：事例　認知療法～人づきあいが苦手な花子さん】**花子さんは、大学卒業後に地元の建設会社に就職した。同期の社員は男女あわせて数名いるが、経理職の彼女はなかなか打ち解けられないままだった。
>
> 　もともと花子さんは、人づきあいが苦手なタイプだった。それでも中・高・大学と過ごせてきたのは、いつもそばに彼女を引っ張ってくれる友人がいたからだった。花子さんは自分について「引っ込み思案で情けない」「（花子さんの大学時代の友人）京子のように、積極的に人と話せるようになりたい」と考えていた。
>
> 　入社後、間もなく新入社員歓迎会の席で、花子さんは先輩らから話しかけられても、会話を続けられなかった。2次会は理由をつけて早々に帰宅した。人づきあいが苦手な自分を知られてしまったことを恥じての行動だった。
>
> 　表10-5は、この場面を花子さんがふり返った思考記録表である。「感情」の項目に

表10-5　花子さんの思考記録表1

場面	自動思考	感情	自動思考の根拠
会社の新入社員歓迎会でたくさんの人が和やかに話をしている	「どうして私はもっと積極的に話せないんだろう」 「話そうとしても緊張して何を話していいかわからない」	悲しい（70） 情けない（80）	最初にいた場所から一歩も動いていない。 人と話そうとするといつも緊張して黙ってしまう。

「悲しい（70）、情けない（80）」とあるが、これは彼女自身がその時の感情を点数化したもので、0（まったく感じない）〜100（もっとも強く感じる）の範囲で選択するものである。

　次に「自動思考に矛盾する事実」を書くのだが、花子さんはなかなか思いつけなかった。治療者の「友人の京子さんだったら、どんなアドバイスをくれると思いますか」という問に、「京子だったら“花子は人の話を最後まで聞いてくれるし、仕事や勉強はちゃんとできているよね”、と言ってくれると思います」と語った。この発言をもとに再考し、自動思考に代わる「適応的思考」を書き出したのが表10-6である。

　「適応的思考」をもとに当初の感情状態の点数をもう一度考えてもらうと、各感情の点数が下がり、花子さんは考え方の変化が気分を変えることを実感できたようだった。また、「苦手なことばかりに目が向いてしまい、自分に嫌気がさしていました。仕事はきちんとできて当たり前と思っていたのかもしれません」と語った。

　その後、花子さんには職場場面を中心として、思考記録表の作成を面接室や自宅でも継続した。しだいに“仕事でもプライベートでも人との会話を完璧にできなければならない”という考えが自身の根底にあることを自覚できるようになった。

表10-6　花子さんの思考記録表2

自動思考に矛盾する事実	適応的思考（望ましい思考）	感情
「積極的には話していないが、相手の話は最後までちゃんと聞いている」「パーティでの会話は弾まないが、普段は仕事の話はちゃんとできているし、仕事が滞っていることもなく、むしろ仕事の姿勢は上司に評価されている」	私は社会人として仕事はちゃんとできているし、仕事上必要なことも話せている。苦手なのが世間話や何気ないおしゃべりだが、そういう場面では聞くに徹することで、相手はいろんなことを話してくれるし、そこで聞いたことを別の相手との話題にするとうまくいくかもしれない。	悲しい（40）情けない（40）

　次に、自動思考の根拠となる事実を探す。ここまでの過程が、クライエントが、ある状況で、ある考え（自動思考）によって、関連する感情を感じたということになる。

　認知の仕方を明らかにした後に、具体的な問題解決に介入する。ここでは、自動思考と矛盾する事実を見つけ出す。その上で、自動思考に代わる望ましい思考を設定し、当初の感情の変化を再確認することで、認知の歪みを確認していく。

効果的な心理学的援助のために、クライエントとその環境に対する的確なアセスメントが大前提であることはいうまでもない。さらに治療者はクライエントとのあいだに信頼関係を構築した上で、その主訴に応じて、医療や福祉、教育、司法、産業など、あらゆる分野の専門家との協働すべきであり、心理学的援助を効果的に進める上で不可欠であることを忘れてはならない。

（水國　照充）

 ブックリスト ……………………………………………………

金沢吉展編　2007　カウンセリング・心理療法の基礎　有斐閣アルマ
古宮昇　2001　心理療法入門　創元社
滝川一廣　2017　子どものための精神医学　医学書院

引用・参考文献

Beck, H. P., Levinson, S., & Irons, G. 2009 Finding little Albert: A journey to John B. Watson's infant laboratory. *American Psychologist*, 64 (7), 605-614.

Campos, J. J., Langer, A., & Krowitz, A. 1970 Cardiac Responses on the Visual Cliff in Prelocomotor Human Infants. *Science*, 170, 196-197.

Clark, J. E. & Metcalfe, J. M. 2002 The mountain of motor development: A metaphor. In J. E. Clark & J. H. Humphrey (Eds) *Motor development: Reserch and reviews*, volume 2 163-190. Reston, VA: National Associotion for Sport and Physical Education.

Dutton, D. G. & Aron, A. P. 1974 Some evidence for heightened sexual attraction under conditions of high axiety. *Journal of ersonality and Social Psychology*, 30, 510-517.

Drotar, D., Baskiewicz, A., Irvin, N., Kennell, J., & Klaus, M. 1975 The adaptation of par-ents to the birth of an'infant with a con-genital malformation: A hypothetical model. *Pe-diatrics*, 56 (5), 710-717.

Einstein, G. O., McDaniel, M. A., Richardson, S. L., & Guynn, M. J. 1995 Aging and prospective memory: Examining the influences of self-initiated retrieval processes. Journal of Experimental Psychology: Learning, *Memory and Cognition*, 21, 996-1007.

Fantz, R. L. 1961 The origin of form perception. *Scientific American*, 204, 66-72.

Gibson, E. J. & Walk, R. D. 1960 The "visual cliff." *Scientific American*, 202, 67-71.

Gibson, J. J. 1950 *The perception of the visual world*. New York: Houghton Mifflin.

Hill, W. E. 1915 My Wife and My Mother-in-law. *Puck*, 16, 11.

Hubel, D. H. & Wiesel, T. N. 1962 Receptive fields, binocular interaction and functional architecture in the cat's visual cortex. *Journal of Physiology*, 160, 106-154.

Hultch, D. F., Hertzog, C., Dixon, R. A., & Small, B. J. 1998 *Memory change in the aged*. Cambridge: Cambridge University Press.

Jastrow, J. 1899 The Mind's Eye. *Popular Science Monthly*, 54, 299-312.

Maylor, E. A. 1990 Age and prospective memory. *Quarterly Journal of Experimental Psychology*, 42A, 471-493.

Mayo, E. 1945 *The Social Problems of Industrial Civilization*. Generic.

Nakayama, K. & Shimojo, S. 1992 Experiencing and perceiving visual surfaces. *Science*, 257, 1357-1363.

Nilsson, L. G., Backman, L., Erngrund, K., Nyberg, L., Adolfsson, R., Bucht, G., Karlsson, S., Widing, M., & Winblad, B. 1997 The Betula prospective cohort study: Memory, health, and aging. *Aging, Neuropsychology, and Cognition*, 4, 1-32.

Norman, D. A. & Bobrow, D. G. 1976 On the role of active memory processes in perception and cognition. In C. N. Cofer (Ed.), *The structure of human memory*. San Francisco: Freeman.

Olshansky, S. 1962 Chronic sorrow: A re-sponse to having a mentally defective child. *Social Casework*, 43, 190-193.

Powell, R. A., Adogdon, N., Harris, B., & Smithson, C. 2014 Correcting the record on Watson, Rayner and little Albert: Albert Barger as "Psychology" a lost boy. *American Psychologist*, 69, 600-611

Rogers, C. R. 2007 The necessary and sufficient conditions of therapeutic personality change. *Journal of Consulting Psychology*, Vol 21 (2), 95-103.

Rubin, E. 1921 *Visuell Wahrgenommmene*. Kobenhaven: Glydenalske boghandel.

Scammon, R. E. 1930 *The measurement of man. The Measurement of the Body in Childhood* (Harris, J. A. et al. eds), University of Minesota Press,

Schugens, M., Daum, I., Spindler, M., & Birbaumer, N. 1997 Differential effects of aging on explicit and implicit memory. Aging, *Neuropsychology, and Cognition*, 4, 33-44.

Wertheimer, M. 1923 *Laws of organization in perceptual forms*. First published as Untersuchungen zur.

Wertheimer, M. 1923. Laws of organization in perceptual forms. First published as Untersuchungen zur Lehre von der Gestalt II, in *Psycologische Forschung*, 4, 301-350. Translation published in Ellis, W. 1938 *A source book of Gestalt psychology*, 71-88. London: Routledge & Kegan Paul.

West, R. L. & Craik, F. I. M. 1999 *Age-related decline in prospective memory: The role of cue accessibility*

浅見俊雄・福永哲夫編著　2015　子どもの遊び・運動・スポーツ　市村出版

安斉順子　2007　あたりまえの心理学　文化書房博文社

ベック　坂野雄二・神村栄一・清水里美・前田基成訳　2007　新版　うつ病の認知療法　岩崎学術出版社

ブラス，トーマス　野島久雄・藍澤美紀訳　2008　服従実験とは何だったのか─スタンレー・ミルグラムの生涯と遺産─　誠信書房

チャルディーニ，R. B.　社会行動研究会訳　2014　影響力の武器　第三版　誠信書房

エクマン　管靖彦訳　2006　顔は口ほどに嘘をつく　河出書房新社

エリクソン　仁科弥生訳　1950　幼児期と社会　1・2　みすず書房

フェスティンガー・シャクター　水野博介訳　1995　予言がはずれるとき─この世の破滅を予知した現代のある集団を解明する─　勁草書房

遠城寺宗徳他　1977　遠城寺式乳幼児分析的発達検査法　慶應通信

ハリス・ジュディスリッチ　石田理恵訳　2017　子育ての大誤解　重要なのは親じゃない

（上）（下）　ハヤカワ文庫

服部雅史・小島治幸・北神慎司　2015　基礎から学ぶ認知心理学―人間の認識の不思議―有斐閣

廣中直行・大山正　2011　心理学研究法　学習・動機・情動　誠信書房

広瀬信義　2015　人生は80歳から　毎日新聞出版

本間道子　2011　集団行動の心理学〜ダイナミックな社会関係のなかで　サイエンス社

井手正和・山村豊・井田政則　2008　ラバーハンドイリュージョンの研究動向とその生起条件に関する一考察　立正大学院研究科紀要

石川瞭子　2019　セルフネグレクトと父親　青弓社

池田健　2014　臨床家のための精神医学ガイドブック―DSM・ICD対応　金剛出版

今田寛　1996　現代心理学シリーズ　3　学習の心理学　培風館

医歯薬出版編　2017　第48-52回　理学療法士・作業療法士　国家試験問題　医歯薬出版

伊藤博・村山正治監訳　2001　ロジャーズ選集（上）　誠信書房

ジェイムズ，イアン　草薙ゆり訳　2007　アスペルガーの偉人たち　スペクトラム出版社

市川伸一編著　1996　認知心理学　4　思考　東京大学出版会

海保博之・小杉正太郎編著　2006　朝倉心理学講座　19　ストレスと健康の心理学　朝倉書店

亀田達也・村田光二　2010　複雑さに挑む社会心理学―適応エージェントとしての人間―改訂版　有斐閣

金城辰夫・山上精次・藤岡新治・下斗米淳編著　2016　図説　現代心理学入門　培風館

加藤司　2008　心理学の研究法―実験法・測定法・統計法―［改訂版］　北樹出版

片口安史　1974　改訂　新・心理診断法　金子書房

鹿取広人・杉本敏夫・鳥居修晃編　2015　心理学　第5版　東京大学出版会

木村周　2016　キャリアコンサルティング　理論と実際　4訂版　雇用問題研究会

岸恵美子編著　2015　セルフ・ネグレクトの人への支援　中央法規出版

子どものからだと心・連絡会議編　子どものからだと心白書　2023　ブックハウス・エイチディ

小嶋秀夫・やまだようこ　2002　生涯発達心理学　放送大学教育振興会

厚生労働省　whlw.go.jp

小山充道編著　2008　必携　臨床心理アセスメント　金剛出版

子安増生編　2005　よくわかる認知発達とその支援　ミネルヴァ書房

キューブラー・ロス　鈴木晶訳　2001　死ぬ瞬間―死とその過程について―　中公文庫

ラリー・S・スクアイア　河内十郎訳　1989　記憶と脳―心理学と神　経科学の統合―　医学書院

前原武子　2008　発達支援のための生涯発達心理学　ナカニシヤ出版

マズロー　上田吉一訳　1964　完全なる人間　誠信書房

松原達哉　2013　臨床心理アセスメント　新訂版　日本文化科学社

南徹弘　2007　朝倉心理学講座　3　発達心理学　朝倉書店

宮尾益和編　2007　ADHD・LD・高機能　PDD　のみかたと対応　医学書院

森直久　2010　心理学の法則ってどのぐらい確かなものですか？　心理学ワールド第51号　日本心理学会

森川和則　2012　顔と身体に関連する形状と大きさの錯視研究の新展開：化粧錯視と服装錯視　心理学評論　55, 348-361

ミルグラム，S.　岸田秀訳　1995　服従の心理―アイヒマン実験―　改訂版新装　河出書房新社

村上よし寛・村上千恵子　1992　コンピュータ心理診断法―MINI, MMPI―　1　自動診断システムへの招待　学芸図書株式会社

無藤隆・岡本祐子・大坪治彦編　2004　よくわかる発達心理学　ミネルヴァ書房

中田洋二郎　1995　親の障害の認識と受容に関する考察―受容の段階説と慢性的悲哀―　早稲田心理学年報, 27, 83-92.

中里克治・下仲順子・河合千恵子・石原浩・権藤恭之・稲垣宏樹　2000　中高年期における職業生活からの完全な引退と失業への心理的適応プロセス　老年社会科学, 22-1, 37-45

ニキ・リンコ・藤家寛子　2004　自閉っ子こうゆう風にできています！　花風社

野村総一郎編著　2015　標準精神医学　第6版　医学書院

小笠原恵　2010　発達障害のある子の「行動問題」解決ケーススタディ　やさしく学べる応用行動分析　中央法規出版

岡本祐子・深瀬裕子　2013　エピソードでつかむ生涯発達心理学（シリーズ生涯発達心理学）ミネルヴァ書房

大熊輝雄　2013　現代臨床精神医学　改訂第12版　金原出版

小野寺敦子　2009　手にとるように発達心理学がわかる本　かんき出版

大久保純一郎　2000　青年期の発達と心の問題　北大路書房

大野裕　2004　心が晴れるノート　うつと不安の認知療法自習帳　創元社

大山正・杉本敏夫　1990　ホーンブック心理学　北樹出版

パブロフ　川村浩訳　1975　大脳半球の働きについて〈上〉〈下〉―条件反射学―　岩波書店

ロジャース，C. R.　伊藤博編訳　1967　パーソナリティ理論　ロジャース全集第8巻　岩崎学術出版社

坂本真士・杉山崇・伊藤絵美編　2010　臨床に活かす基礎心理学　東京大学出版

坂上裕子・山口智子・林創・中間玲子　2014　問いからはじめる発達心理学―生涯にわたる

育ちの科学―　有斐閣

斎藤学　1999　家族依存症　新潮文庫

斎藤学　2001　家族の闇をさぐる　現代の親子関係　小学館

櫻井茂男監修・黒田祐二編著　2012　実践につながる教育心理学　北樹出版

下山晴彦編　2003　よくわかる臨床心理学　ミネルヴァ書房

下山晴彦　2008　臨床心理アセスメント入門　金剛出版

篠原彰一　2008　学習心理学への招待―学習・記憶のしくみを探る―　改訂版　サイエンス社

杉山登四郎　2002　アスペルガー症候群と高機能自閉症の理解とサポート―よりよいソーシャルスキルを身につけるために―　学習研究社

鈴木光太郎　2015　増補　オオカミ少女はいなかった―スキャンダラスな心理学―　筑摩書房

高橋三郎・大野裕訳　2014　DSM-5　精神疾患の診断・統計マニュアル　医学書院

高野洋一郎編　1995　認知心理学　2　記憶　東京大学出版会

外川勝己　1990　運転者の加齢研究　早稲田心理学年報，22，1-6.

総務省　2012　就業構造基本調査　平成24年度

ダロルド・A・トレッファート　高橋健次訳　1990　なぜかれらは天才的能力を示すのか―サヴァン症候群の驚異―　草思社

外山美樹　2011　行動を起こし、持続する力―モチベーションの心理学―　新曜社

柘植雅義・井上雅彦編著　発達障害の子を育てる家族への支援　金子書房　2007

上野徳美　1994　態度の形成と態度変様　藤原武弘・高橋超編　チャートで知る社会心理学　福村出版

氏原寛・成田善弘　2002　臨床心理学①カウンセリングと精神療法　培風館

ヴィラヤヌル・S・ラマチャンドラン　山下篤子訳　1999　脳のなかの幽霊　角川書店

渡辺弥生　2011　子どもの「10歳の壁」とは何か？―乗りこえるための発達心理学―　光文社

ワトソン　安田一郎訳　1980　行動主義の心理学　河出書房新社

やまだようこ　1995　生涯発達をとらえるモデル　生涯発達心理学とはなにか　金子書房

山口晴保編著　2016　認知症の正しい理解と包括的医療・ケアのポイント　第3版　―快一徹！脳活性化リハビリテーションで進行を防ごう―　協同医書出版社

山口裕幸　2008　チームワークの心理学―よりよい集団づくりをめざして―　サイエンス社

山村豊・青木智子編著　2015　学びのための心理学　北樹出版

山村豊・高橋一公　2017　系統看護学講座　基礎分野　心理学　医学書院

山本利和編　1999　現代心理学シリーズ　7　発達心理学

山内光哉・春木豊編　2001　グラフィック学習心理学―行動と認知―　サイエンス社

うちの子流～発達障害と生きる「我が子が発達障害と言われたら？障害受容までのプロセスとは」［https://nanaio.hatenablog.com/entry/2015/03/20/223004］（2024年10月閲覧）

事項索引

◆あ　行

アイデンティティ（自我同一性）　112, 133
明るさの恒常性　48
アタッチメント（愛着）　123
アニミズム　117
暗黙のパーソナリティ理論　79
怒り　140
移行対象　123
一語文　121
偽りの記憶　63
イド　87
意味記憶　58
陰性症状　93
インパルス　41
インフォーマル（非公式）・グループ　72
WISC-IV　102
ウェクスラー・ベルビュー検査　102
ウェーバーの法則　41
内田クレペリン検査　101
運動感覚　38
エス　166
S-HTP法　98
SCT　98
エピソード記憶　57
エビングハウスの忘却曲線　60
MMSE　105
エンカウンター・グループ　171
遠城寺式乳幼児分析的発達検査法　105
大きさの恒常性　48
OD（オーバードーズ）　161
オープンダイアログ　93
オペラント行動　6
オペラント条件づけ　6

◆か　行

外言　121
外向型　88
改訂版長谷川式簡易知能評価スケール（HDS-R）　105
概念駆動処理　40
外発的動機づけ　23

学習　2, 111
学習性無気力　9, 10
獲得（習得）的行動　2
過剰正当化（アンダーマイニング）効果　23
形の恒常性　48
感覚　37
感覚運動期　117
感覚記憶　56
感覚器官　40
観察学習（社会的学習）　11
観察法　95
帰属理論　25
規範的影響　76
記銘　55
逆転移　169
キャリア教育　134
ギャングエイジ　125
嗅覚　38
9歳の壁　126
吸啜反応　115, 122
強化　4, 6
　　──の原理　17
強化子　7
共感　170
恐怖喚起アピール　83
共鳴反応　122
均衡化　117
クライエント　93
群化　45
経験　111
経験説　89
形態知覚　44
系統的脱感作法　13
系列位置効果　61
ゲシュタルト心理学　45
ゲシュタルト要因　45
結果事象　17
幻覚　38
限局性学習症（SLD）　149
元型　88
幻聴　92

構音障害　157
好奇心　23
高次脳機能障害　107
抗精神病薬　93
行動　16
行動主義心理学　5
行動の3つの原理　17
行動療法　12
語音症/語音障害（音韻障害）　157
五感　38
誤信念課題　118
古典的条件づけ　4
コンフリクト　27

◆さ　行
作為体験　92
錯視　44
サクセスフル・エイジング　140
錯覚　43
残像　42
シェイピング　8
ジェームス＝ランゲ説　30
シェマ　117
視覚　38
視覚的断崖　50
自我　87
自我心理学　169
自我・超自我　166
刺激閾（絶対閾）　41
刺激頂　41
自己一致　170
思考記録表　173
思考伝播　92
自己決定感　23
自己効力感　24
自己中心性　118
失認　50
自伝的記憶　58
死の受容　140
自発的　6
自閉スペクトラム症（ASD）　149, 150
社会的促進　72
社会的手抜き　73
社会的動機（二次的動機）　22

社会的微笑　122
社会的役割の喪失　139
社会的抑制　72
集合的無意識（＝普遍的無意識）　88
集団規範　71
集団凝集性　71
集団極性化　76
自由連想法　168
受容　140
受容器　40
循環反応　116
順応　42
小1プロブレム　125
障害受容　138
消去　4, 7, 17
　──の原理　17
条件刺激　4
条件反射　3
情動　5
衝動性　152
情報的影響　76
初頭効果　61
親近効果　61
新版K式発達検査　105
心理教育　93
心理検査法　95
心理社会的危機　114
心理・社会的発達論　113
心理的態度　89
心理的リアクタンス　84
心理療法　166
地　45
睡眠障害　94
スキーマ　47
ステレオタイプ　80
スモールステップ　8
図　45
生活技能訓練（SST）　93
生活年齢　102
成熟　111
成熟優位説　89
精神年齢　102
成長　111
生得説　89

184　事項索引

正の強化　8, 17
生理的欲求（一次的動機）　22
説得者の信憑性　82
セルフ・ネグレクト　155
全緘黙　158
先行事象　16
選好注視法　50, 122
線状透視　49
前操作期　117
選択性緘黙（場面緘黙）　158
躁うつ病（気分障害）　92
想起（探索）　55
双極性障害　94
相貌失認　48

◆た　行
大気透視　49
対象関係論　169
対象の永続性　116
対人認知　79
代理強化　12
多動性　152
WPPSI　102
短期記憶　56
単極性うつ病・躁病　94
知覚の恒常性　48
知的障害　147
知能検査　147
知能指数　102
チャンク　56
注意欠如・多動症（AD/HD）　149, 151
中枢起源説　30
聴覚　38
長期記憶　57
超自我　88
丁度可知差　41
津守式乳幼児精神発達診断法　105
データ駆動処理　40
適刺激　41
テスト・バッテリー　108
手続き記憶　58
展望記憶　58, 64
動因（欲求）　22
同化　117

統合失調症　92
洞察学習　8, 9
同調　75
トップダウン処理　40
取引　140

◆な　行
内因性精神病　92
内言　121
内向型　88
内臓感覚　38
内発的動機づけ　22
喃語　120
二次条件　5
認知　38
　　──の歪み　173
認知行動療法　173
認知的不協和理論　29, 61

◆は　行
把握反射　122
パーソナリティ障害　89
バーンアウト・シンドローム　135
バウムテスト　98
白内障　51
罰　17
　　──の原理　17
発達　111
発達段階　112
バビンスキー反応　122
バランス理論　27
般化　5
反響言語　151
反転図形　45
反復喃語　120
PM理論　78
非指示的精神療法　170
ひとり遊び　124
否認　140
ビネー式知能検査　102
皮膚感覚　38
表示規制　32
表象　117
不安　94

事項索引　　185

不安階層表　13
フォーマル・グループ　71
輻輳説　89
不注意　152
物質依存　160
物質中毒　160
不適刺激　41
負の強化　8
フラストレーション（欲求不満）　26
フラッティング法　13
プレグナンツの傾向（プレグナンツの原理）　45
文脈効果　47
分離不安　123
並行遊び　124
平衡感覚　38
弁別　5
弁別閾　41
防衛機制　166
保持　55
母性的養育の喪失　123
保存課題　119
保存性の未発達　118
ボトムアップ処理　40

◆ま・や行
抹消神経起源説　30
味覚　38
矛盾感覚　42
無条件刺激　3
無条件の肯定的配慮（受容）　170
無条件反射　3
面接法　95

妄想　92
モデリング　11, 14
モラトリアム　134
モロー反射　115, 122
問題行動　17
薬物療法　93
誘因（目標）　22
有能感（コンピテンス）　23
夢分析　168
陽性症状　92
陽性転移　169
抑うつ　140
欲求階層　25

◆ら・わ行
来談者中心療法　170
ライフコース　133
ライフサイクル　113
リビドーの発達　87
療育　148, 153
緑内障　51
類型論　87
レービン色彩マトリックス　107
レディネス　89
レミニセンス・バンプ　65
老人性難聴　51
ロールシャッハ・テスト　98
論理療法　172
ワーキングメモリ（作動記憶）　57
WAIS　104
WAIS-IV　103

人名索引

アッシュ（Asch）　75, 79
ヴィゴツキー（Vygotsky）　121
エビングハウス（Ebbinghaus）　59
エリクソン（Erikson）　88, 112, 133
クライン（Klein）　169
クレッチマー（Kretschmer）　86
クレペリン（Kraepelin）　92
ジェームス（James）　30
スキナー（Skinner）　6
セリグマン（Seligman）　9
ハイダー（Heider）　27
パブロフ（Pavlov）　3

バンデューラ（Bandura）　11
ピアジェ（Piaget）　112
フロイト（Freud）　87, 166
ブロイラー（Bleuler）　92
ボウルビィ（Bowlby）　123
マズロー（Maslow）　24
ミラー（Miller）　56
レビィン（Lewin）　27
ロジャーズ（Rogers）　170
ワイナー（Weiner）　25
ワトソン（Watson）　5

【執筆者紹介】（執筆順）

青木　智子（あおき　ともこ）（編者、第1・2・4〜9章）奥付参照

北川　公路（きたがわ　こうじ）（第1・4・8章）東北文化学園大学医療福祉学部　公認心理師

木附　千晶（きづき　ちあき）（第2・6・9章）文京学院大学保健医療技術学部　公認心理師　臨床心理士

山村　豊（やまむら　ゆたか）（第3章）桜美林大学教育探究科学群　博士（文学）

水國　照充（みずくに　てるみつ）（第1・6・7・9・10章）平成国際大学スポーツ健康学部　公認心理師、臨床心理士

（ケース）

福井　勉（ふくい　つとむ）（Case1）文京学院大学大学院保健医療科学研究科　理学療法士

塙　敬裕（はなわ　けいすけ）（Case2）アントラーズスポーツクリニック　理学療法士

森　直樹（もり　なおき）（Case3）山形県立保健医療大学作業療法学科　作業療法士

織井　優貴子（おりい　ゆきこ）（Case4）常磐大学大学院看護学研究科（東京都立大学名誉教授）看護師

岩﨑　裕子（いわさき　ゆうこ）（Case5）YMCA米子医療福祉専門学校理学療法士科　理学療法士

小松　昭吾（こまつ　しょうご）（Case6）神奈川県立総合教育センター　アーツセラピー研究所副所長　公認心理師、臨床心理士

福田　恵美子（ふくだ　えみこ）（Case7）長野保健医療大学保健科学部　作業療法士

塙　杉子（はなわ　すぎこ）（Case8）名古屋葵大学医療科学部作業療法学科　作業療法士

濱本　千春（はまもと　ちはる）（Case9）社会福祉法人広島YMCA福祉会　YMCA訪問看護ステーション・ピース所長　がん看護専門看護師

阿部　惠一郎（あべ　けいいちろう）（Case10）あべクリニック院長　精神科医

編著者紹介

青木　智子（あおき　ともこ）

博士（文学）公認心理師、臨床心理士、1級キャリアコンサルティング
技能士。平成国際大学教授。東京都スクールカウンセラー、女子栄養大
学学生相談室カウンセラーなど、主に生涯発達心理学を視点に踏まえた
幅広い年代への心理相談の実践と研究を専門とする。主著に『心理テス
ト法入門』日本文化科学社、『カウンセリング実践ハンドブック』丸善、『（改
訂版）楽しく学んで実践できる対人コミュニケーション心理学』北樹出
版など。

医療と健康のための心理学［新版］

2018年4月25日　初版第1刷発行
2023年4月10日　初版第5刷発行
2025年4月30日　新版第1刷発行

編著者　青木　智子

発行者　木村　慎也

定価はカバーに表示　　印刷　恵友社／製本　和光堂

発行所　株式会社　北樹出版

〒153-0061　東京都目黒区中目黒1-2-6
URL:http://www.hokuju.jp
電話(03)3715-1525(代表)　FAX(03)5720-1488

© Tomoko Aoki 2025, Printed in Japan　　ISBN978-4-7793-0782-9
（落丁・乱丁の場合はお取り替えします）